张之洞

中国现代工业践行者

李　玉◎著

中国财政经济出版社

图书在版编目（CIP）数据

张之洞：中国现代工业践行者／李玉著. —北京：中国财政经济出版社，2014.5

（中国梦系列）

ISBN 978-7-5095-5387-9

Ⅰ.①张… Ⅱ.①李… Ⅲ.①张之洞（1837～1909）—传记 Ⅳ.①K827=52

中国版本图书馆 CIP 数据核字（2014）第 094297 号

责任编辑：蔡 宾　　文字编辑：闻 天

责任校对：新 言　　装帧设计：张子航

中国财政经济出版社 出版

URL：http//www.cfeph.cn

E-mail：cfeph@cfeph.cn

社址：北京市海淀区阜成路甲 28 号 邮政编码：100142

营销中心电话：010-88190406 北京财经书店电话：010-64033436

河北信德印刷有限公司 各地新华书店经销

710×1000 毫米 16 开 16.5 印张 182 千字

2014 年 7 月第 1 版 2024 年 1 月第 2 次印刷

定价：58.00 元

ISBN 978-7-5095-5387-9

（图书出现印装问题，本社负责调换）

本社质量投诉电话：010-88190744

反盗版举报热线：88190492 88190446

前　言

新中国成立之初，毛泽东曾对黄炎培说过，在中国近代历史上，有四个人是我们万万不可忘记的，他们是：搞重工业的张之洞，搞纺织工业的张謇，搞交通运输业的卢作孚，搞化学工业的范旭东……

这四人当中，张謇、卢作孚、范旭东都是真正意义上的实业家，他们以商人的身份在中国近代史上证明了自己的价值。张之洞则不同，他不是实业家，但是，他却为清朝末年中国的近代工业化做出了巨大贡献。

张之洞是一个存在着巨大争议的人物。他曾担任封疆大吏数十载，后期又进入清朝的中央政府。在政治上，他拥护满清专制王朝，极力打压反清革命，著名的革命党人唐才常就是被张之洞逮捕杀害的。八国联军侵华时，他又策划“东南互保”，公然违背慈禧太后向各国宣战的圣旨，拒绝在辖区内向各国开战。此举有利于维护东南各地的经济发展，却也使得八国联军可以集中兵力进攻北京。

对于新式工业，张之洞极为热衷，他为了能够建设一批高水平的近代企业，可以说是不计代价。经他的努力，清末的中国出现了当时在整个亚洲都堪称一流的汉阳铁厂。出于军事目的，张之洞又建成了湖北兵工厂，这个工厂直到抗战时还在为中国军队提供武器。张之洞还积极推进中国的铁路建设，著名的京广铁路，其前身就是在张之洞的推动下建设的。张之洞在近代重工业、基础工业上的贡献还有很多，这里就不再一一赘述。

他在担任地方官期间，积极推进教育改革，创办了一大批新式学堂。这些学堂为中国新式教育的发展做出了贡献。张之洞虽然出身科举，但是当他意识到科举考试无益于中国的发展时，他成为废除科举考试最为积极的一员。在他的大力推动下，在中国存在了近 1300 年的科举制度被正式废除。

时至今日，张之洞去世已有百余年，他创办的学校、工厂已面目全非，但是在中国实业的发展进程中，那段践行工业化的足迹却对后世影响深远。本书在创作过程中尝试抛开政治上的争议，着重讲述张之洞发展工业的历史功绩，从中体味近代史上那些高举“实业救国”的先驱们务实、坚定的民族责任感，以及振兴中华的勇气和决心。

作 者

目　录

他是大清的功臣还是罪臣？

1911年10月10日，武昌起义的枪声改变了中国，震惊了世界。武昌起义时，张之洞已去世两年。

这次起义是由革命党发动的，不过，发动起义的革命党人，大多数还有另一个身份——湖北新军，而这支湖北新军，正是由张之洞一手编练的。张之洞编练新军，强调的是忠君爱国、自强御侮，他要通过新军维护大清朝的统治、维护忠君爱国的儒家价值观。为此，张之洞耗费不少：新军的教官很多都是西方军事强国的军官，训练方式也是西式的，装备更是清一色西式装备，这些装备甚至可以和一些西方国家一较高低。当时，整个湖北新军有16000多人，是仅次于北洋新军的一支重要军事力量。谁曾想，这支新军居然成了大清朝的掘墓人之一。

武昌起义后，清廷迅速派兵镇压。当时，起义军所占领的也只是武汉三镇，范围非常有限；另外，起义军没有外部的援助，可以说是困守孤城。形势对起义军极为不利。可是，起义军却稳稳地守住了武汉。究其原因，还是与张之洞有关。张之洞在武汉建立了大量的现代企业，其中有著名的汉阳兵工厂和汉阳铁厂。兵工厂产枪产炮产弹药，铁厂则供应钢铁原料。起义军守着这样的工厂，即使只有武汉三镇，他们的军火也是用之不竭，战斗也就没有后顾之忧。正是拜张之洞所赐，起义军拥有强大和充足的火力同清军作战。

当时编练新军的还有袁世凯，而且袁世凯的新军规模要比张之洞的大。那么为什么起义的是张之洞的新军而不是袁世凯的新军呢？这其中的原因自然不少，但是很重要的一点是因为张之洞的新军文化素质更高，更容易接受新思想。1906 年，张之洞的新军和袁世凯的新军曾经举行过演习，当时对他们的评价是：北洋新军“以勇气胜”，湖北新军“以学问胜”。换言之，湖北新军的文化素质高于北洋新军。实际情况也正是如此，张之洞在为湖北新军招募士兵时，曾要求新军的士兵必须半数以上要识字，而当时中国的文盲率在 90% 以上。高文盲率也正是革命思想难以在普通民众中传播的一大原因。张之洞的新军文化程度高，革命思想传播得自然广泛。到武昌起义时，驻守武昌的新军（另一部分湖北新军入四川镇压“保路运动”）中，有百分之八十都支持起义。此外，张之洞在湖北主政期间，大力发展湖北的教育事业，创办了大量新式学堂。他的本意是培养具有现代知识的技术人才，不过，这些学校在给学生带来新知识的同时，也冲击着他们的旧观念，革命的思想逐渐萌发。或许，湖北新军的革命思想，不少都是张之洞无意间带出来的。后来，孙中山在视察武汉时称张之洞是“不言革命之大革命家”。

虽然，张之洞的作为对武昌起义有着许多客观的推动作用，可事实上他自已对革命和起义是极端反感的。早年，他曾参与镇压太平天国等农民起义，后来又在武汉镇压唐才常（1867—1900）等革命党人的起义，并下令杀害唐才常。即使对于康有为等改良派，他也持批评态度。就今天的视角来看，他的作为固然反动，但是，就他当时的身份和心理而言，他的行为完全在情理之中。他是满清的重臣，维护满清的统治是他的职责所在，起义、革命、改革，都是要毁掉他一心想要维护的政权，他出来镇压革命，也是常理。

然而，命运就是这么不可揣测，张之洞一心要维护朝廷、坚守儒家价值，可最终，他的努力竟给了朝廷和儒家价值极为沉重的一击。他要做忠臣，结果却成了满清的罪臣。但是，他的所作所为，在客观上，却能让他成为民族的功臣。

1
科举成名 官场磨砺

科举制度最早出现在隋朝，最终结束于清朝光绪三十一年（1905年），经历了大约1300年。在这1300年的时间里，中国的知识分子几乎都被科举制度左右着；读书的目的也越来越单一，几乎就是为了科举考试，金榜题名逐渐成为无数学子的终身奋斗目标。张之洞就是在这样的科举制度中脱颖而出的，他是慈禧太后钦点的探花，但是，推动废除科举制度的同样也是他。

儒生

张之洞（1837—1909），字孝达，号香涛、香岩，又号壹公、无竞居士，晚年自号抱冰，是晚清洋务运动的重要人物之一。他为什么要办洋务呢？这其中的原因恐怕有很多。在众多的原因当中，非常重要的一个是他是一个虔诚的儒家信徒：当清末儒家思想遭遇冲击后，他试图以各种方式恢复儒家思想的统治地位，办洋务就是其中之一。通过研究张之洞办洋务之前的活动，我们可以发现他对儒家的信仰是多么虔诚。

咸丰二年（1852 年）重阳节这天，顺天府乡试的成绩公布了，榜上的第一名正是张之洞。一时间，张之洞中解元的消息在当地引起了热议，名噪一时，他的答卷还被印刷出来，并在全国发行，成为众多学子的参考范文。可能有人要问，一个解元就如此了得吗？所谓解元，是当时科举考试中乡试时的全省第一名，而通过乡试考中的考生则称为举人，小说《范进中举》中范进就是这么个举人。明清时期科举考试中的乡试每三年举行一次，能参加乡试的都是秀才，但不是所有秀才都有资格参加，只有经过考核合格的秀才才能参加乡试。考试时，由皇帝派主考官到各省组织实施，地点定在各省的省城，所以乡试是省内三年一次的大事。再者，顺天府是京畿之地，虽然不是一个单独的省份，可是实际地位却在省之上，这里可谓是人才荟萃，在顺天府参加考试能考中就已经非常难得，更何况还是头名。

张之洞中解元固然难得，但是还有更令人震惊的一个事实：他考中解元时只有 15 岁！在参加乡试的秀才中，年纪比张之洞大的比比皆是，不少都是胡子一大把的老秀才。一个少年和许多成年人同场考试并取得第一名的成绩，这不得不令人惊叹张之洞的才气。在顺天府乡试的历史上，考中解元、后来成名的人不是没有，纪晓岚就是其中很有名气的一位，而纪晓岚考中顺天府解元的时候已经 24 岁。他的解元和张之洞的解元比较起来就显得不那么耀眼了。张之洞也因为小小年纪就考中解元而被称为“神童”。

张之洞小小年纪就在科举考试中取得如此成绩，这与他的家世不无关系。张之洞的籍贯是今天的河北省南皮县，这个县城在北京的南方，距离北京有250公里。不过，张之洞并不是在南皮出生的，而是出生在贵州。张之洞的父亲张锳在贵州任职，担任过知县、知府这些地方官。那时候的贵州一带条件并不好，交通不便、环境闭塞。可是，对张锳而言，能得到朝廷的任命已经是一件很幸运的事了。

张锳早年勤学苦读，后来参加科举考试，通过了乡试这一关，可是在接下来的会试中，他屡试不第，一连考了三次都没能更进一步。连会试都无法通过，更何况殿试。当时，如果不能在科举考试中取得好成绩，想要步入仕途就会极为困难。张锳科举无望，但是他的仕途却没有断绝，乾隆皇帝在位时推出了一项政策，而这恰恰给了张锳机会。乾隆十七年（1752年）时规定，会试中考了三次还无法考中的举人，可以由吏部经过面试后授予一定的职位。吏部面试时一要看相貌，二要看其应答的能力。如果比较优秀，可以授予知县，次一等的可以去负责教育工作。这项政策是为了让那些举人出身又没有官职的读书人有机会进入仕途，以便笼络读书人。张锳就是这样一个幸运儿，他通过这样的方式进入了仕途。在张锳之前，张家的祖辈不少都是官吏，张锳的父亲、祖父都做过官，即使在明代张家人也有在朝中为官的。张家是典型的官宦世家、书香门第。张之洞出生在这样一个家庭中，他所受到的教育无疑也是中国传统的儒家教育，他的价值观自然也是儒家的价值观。

张锳一生一共娶了三位正妻，正妻之外还有侧室，张锳的最后一位正妻朱氏就是张之洞的生母。道光十七年（1837年）农历八月，朱氏在贵州生下了张之洞。张锳子女众多，张之洞有一个哥哥两个弟弟，还有八个姐妹。另外，张之洞的两个堂兄弟因父早亡，也被张锳收养，张锳对这两个侄子亲如己出。

张之洞三岁时，他的生母朱夫人病逝，因为年纪太小，张之洞对亲生母亲并没有多少记忆，不过，长大之后，母亲的遗物常常勾起他对母亲的思念。朱夫人去世后，年幼的张之洞由张锳的侧室魏氏抚养。魏氏没有子女，她把自己的母爱全都给予了张之洞，张之洞对养母也很尊敬，母子之间的感情很是深厚。后来，张之洞担任封疆大吏，在任上听说养母去世后，他非常难过，为去世的养母举行了很隆重的纪念仪式。养母的亲属去投奔他，他就像对待自己家的亲戚一样招待他们。

主导张之洞早期教育的是他的父亲张锳。张锳对家里的孩子管教很严格，不论是儿子还是侄子，均一视同仁。他将当地有名的儒生请来给张家的孩子授课，重点教授儒学。但是，在教授儒学的同时，张锳也鼓励孩子们读一些“课外书”。为此，他专门购买了一大批书籍，内容无所不包，他要求孩子们在上完正课之外，可以根据自己的喜好随意挑选书来读。正是基于这样的文化氛围，张之洞在精通儒学的同时，也接触了其他方面的知识。

张之洞是在四岁的时候开始接受教育的，教过他的那些老师都在科举上有一定的成就。有名师指点，又有父亲的严格督促，张之洞在学业上自然不会落后。但是，好的外部条件也只是保证他不落后，想要在学业上超越众人，他自己必须要有足够的努力，张之洞在这方面做得相当不错。小小年纪，他就知道勤学苦读，读书时，遇到不懂的地方，如果不能把其中的意思研究明白，他就不会放下书，他思考问题常常到深夜，累了就趴在书桌上休息一下，休息好了，就继续学习，直到彻底弄懂了书中的意思，才会停下来。就是凭借这样的态度，张之洞在学业上进步很快。

八岁时，张之洞就读完了四书五经，十岁时开始练习写文作诗。有一次，一个老先生写了一篇文章，张锳看过觉得不错，想试试张之洞的文笔，就把那篇文章的题目给张之洞，让张之洞按照那个题目也作一篇。张之洞看过题目，也不怎么细想，提笔就写，洋洋洒洒一篇文章很快完成。张锳拿过儿子的文章看了一下，不过，他自己不方便评论，就把文章拿给那位老先生看。老先生看过这篇文章之后，很惊讶，认为这文章非常了得。得到老先生的认可，张锳很高兴，他没有想到儿子小小年纪就能写出让老先生称赞的文章。

随着张之洞写的文章诗词越来越多，张锳就把儿子的诗文收集起来出了一个诗文集，并拿给亲朋好友看。张锳这么做原本是想宣传自己的儿子，希望得到大家的赞扬，可是没想到他的兄长，也就是张之洞的一位伯父，看过后却给他泼了冷水，告诫说小孩子不应该太张扬，即便有才华也不能太过暴露，年轻人锋芒毕露可不是好事。张锳得到兄长的警告后，当即明白了其中的用意。张之洞也把伯父的教诲牢记于心，终身不忘，至于他的那些诗文集也被他付之一炬。这之后，张之洞一心跟着老师读书，13 岁时就考取了秀才，15 岁那年他从贵州回到籍贯地南皮县，参加了顺天府的乡试，并拿下了第一名，名震乡里。

张之洞中举之后，住在了京城一位亲戚的家里，可是，他在京城刚住下几个月，就发生了一件惊天动地的大事：1853 年春，南方的太平军攻占了南京，并出师北上，扬言要拿下北京城。一时间京师震动，各路兵马都来支援京城。遇到这样的事，张之洞在京城是无法安稳读书了，不得已他只得回到贵州的父亲身边去。张之洞7月离京，顺运河而下，一路上不时听到太平军的消息，这让他悲愤交加，为此他还作诗一首：

绮绣周原变水乡，误看秫稻作菰蒋。

泽鸿休怨无安所，且限南来丑虏狂。

张之洞在诗中对太平天国农民起义非常痛恨：他刚中了解元，正是前途不可限量的时候，却遇到农民起义，而农民起义对他的前途有极大的威胁；再者，张之洞从小接受的儒家教育要求他忠君爱国，造反起义在他看来就是大逆不道。对他而言，于公于私，他都有必要反对太平天国的起义。这时的张之洞只有16岁，若是他再年长一些，必然要带兵去镇压太平军。

一路颠簸，张之洞终于有惊无险地回到了贵州父亲的身边，此时已是1854年春了。然而，此时的贵州也不太平：不堪忍受清朝压迫的贫苦农民跟随太平天国纷纷起义。张之洞见到父亲时，父亲正在和起义的农民军作战。随着起义的队伍越来越多，贵州当地的清军开始处于劣势，到这年11月，一万多人的起义军包围了张锳、张之洞所在的兴义府城。情况紧急，张锳率领部下和家人登上城墙坚守。张之洞虽然还是少年，也跟着父亲上了战场，一上去就是三个昼夜苦战。最危急的时候，张锳下令在城楼上堆上柴草，打算在城破的时候全家自焚。对于父亲的举动，张之洞不仅不惧反而热血沸腾，他认为即便是这么死了，也是为忠信而死，死得其所，这也正是儒家的价值观所在。

张锳把守的城池虽然危急，不过并没有被攻破，反而出现了重大转机。面对困境，张锳决定出奇兵。他在守城的士兵当中挑选了一批精壮之士，组成“敢死队”。借着夜色的掩护，“敢死队”利用绳子从城墙下到城外，悄悄绕到起义军的后方，向起义军发起猛攻。面对偷袭，起义军措手不及，再加上城墙上守军的配合，张锳的队伍成功地打退了起义军，兴义府城也转危为安。随后，张锳乘胜追击，起义军占领的城池又被张锳夺回。然而起义此起彼伏，任凭清军如何镇压，总有人不顾个人性命站出来反抗清朝的统治。

就在这战火纷飞的时候，张之洞娶了他第一任夫人。新娘子是贵州当地一名官员的女儿，跟张之洞也算是门当户对。这位夫人后来给张之洞留下了一儿一女。张之洞婚后，并没有留在家中陪新婚妻子，而是跟着父亲继续镇压贵州的农民起义。在战事停歇的时候，他还时刻不忘读书，准备在科举考试中再进一步。

张锳在镇压起义的过程中，因为极度操劳，身体的健康状况不断恶化。他在感觉自己身体日渐衰弱的同时，也意识到贵州当地的起义绝不是短期内就能彻底解决的。为了儿子的前程，他决定让张之洞离开自己去京城继续参加科举考试。1855 年秋，张之洞遵照父亲的命令，带着妻子离开贵州，前往北京。经历过贵州的起义，张之洞考取功名的决心更加坚定，同时他也多了几分对大清国未来的担忧。

1856 年春，张之洞在京城参加了礼部举行的一次考试，并顺利通过。礼部的这次考试使张之洞获得了担任知县的资格，而此时的张之洞还不满 20 岁。然而，就在这年秋天，噩耗从贵州传来：张之洞的父亲张锳在与农民军周旋的过程中，积劳成疾，不幸去世。而就在张锳去世七天后，起义的农民军攻破城池，知府石均被杀，前知府鹿丕宗自焚。石均是张之洞妻子的兄长，鹿丕宗的儿子鹿传麟是张之洞的姐夫。自己的父亲以及两位亲属都因为农民战争而死，这更加加深了张之洞对起义的痛恨，他后来残酷镇压各种起义，与这一段经历不无关系。

父亲去世，按照当时的礼节，儿子应当守制 27 个月，在此期间，不能任官，不能应考，不能嫁娶。就这样，张之洞在家中度过了两年多的时间。到 1859 年，守制期满，又赶上新一轮的会试，张之洞打算赴京参加会试。当时主持会试的官员之一是张之洞的同族兄长张之万。张之万虽然和张之洞同辈，可是却比张之洞大了 26 岁。张之万在道光年间就考中了状元，受到朝廷重用，身居高位。当时，为了防止作弊，规定有官员出任监考官时，该官员自家的子弟不能参加考试，因而张之洞错过了这次考试。会试是三年一届，按常理，张之洞需要再等三年才能有机会参加会试。不过第二年春，也就是 1860 年，咸丰皇帝开恩科，临时增加了一次会试，张之洞的机会又来了。可是，谁曾想，张之万还是考官之一，张之洞只得再次回避。连续两次都错过了参加会试的机会，这让张之洞多少有些郁闷，唯一让他有些欣慰的是这一年他有了个儿子，此时张之洞 23 岁。然而，儿子给他带来的喜悦还没有持续多久，另一场大变故发生了：英法联军在这年的 10 月攻入北京城，火烧圆明园，随后清政府被迫签下丧权辱国的《北京条约》。此时的张之洞无论如何也想不明白，堂堂天朝上国，怎么会被洋夷打败？

朝廷遭难，自己又连续两次错过会试，一时间张之洞的仕途停顿不前。这时山东巡抚把他招到济南，张之洞成了山东巡抚的幕僚。在任幕僚这段时间里，他整日无事可做，无非是喝酒作诗、游山玩水。当时，有亲友见他整日赋闲，就有心举荐他去军营里当差，这虽然也是一条出路，却不合张之洞的心意，他所向往的是科举成名，混迹军旅绝不是他追求的目标。最终，他婉拒了别人的举荐，继续等待会试的到来。

就在张之洞等待下一轮会试的时候，朝廷内部发生了重大事件，这一事件的结果对张之洞的仕途有着重大影响。1860 年，英法联军攻下北京城之前，当时在位的咸丰皇帝逃到了热河避暑山庄行宫（今河北承德避暑山庄）。咸丰皇帝在热河一住就是一年，第二年 8 月时，年仅 31 岁的咸丰皇帝竟然病死在了热河。由于继位的皇子载淳只有 6 岁，咸丰帝临终前将怡亲王载垣、郑亲王端华等 8 人任命为赞襄政务八大臣，辅佐同治帝处理朝政。同时咸丰皇帝又给皇后和懿贵妃两枚代表皇权的印章，希望他们相互牵制。载淳（同治皇帝）继位后，尊先帝皇后钮祜禄氏为慈安太后，尊自己的生母懿贵妃为慈禧太后。慈禧是个有野心的女人，她想得到大清国的最高控制权。于是，她联合在京主持和谈的咸丰帝的弟弟恭亲王奕䜣，利用咸丰帝的灵柩回京的机会发动“辛酉政变”，解决了咸丰皇帝任命的辅政大臣，达到了她自己垂帘听政的目的，由此，慈禧对中国长达半个世纪的统治开始了。这样一场政变与当时的张之洞几乎没有任何关系，但是，就是慈禧，为张之洞日后的仕途提供了不少便利。

同治元年（1862 年）3 月，慈禧太后已经大权在握，她掌权后的第一场会试也在这年举行。这次会试张之洞没有再遭遇什么意外，顺利得以参加。可是，结果却很不理想，他没有考中。不过，他因为卷面整洁、字迹工整，被定为誊录第三名，有机会做一些文字工作，给官府抄写文件。这样的职位张之洞是绝对看不上眼的，于是他离开京城，跟随一位在朝中任职的友人南下河南，参与镇压捻军起义。捻军起义和太平天国起义是同一时期的农民起义。在太平天国起义的影响下，苏、鲁、豫三省部分地区的农民也开始掀起反清斗争，他们被人们称为捻军。在镇压捻军的过程中，张之洞因为人微言轻，也不过是个普通的幕僚，没有太大的功绩。最终，捻军被左宗棠和李鸿章平定了。

张之洞到河南没多久，就迎来了一座大靠山——族兄张之万。张之万之前在京城任职，这次外调河南，任河南巡抚，成为封疆大吏。到任后，张之万把张之洞招到了自己手下。对于这个弟弟，张之万心里总感觉有些对他不住，毕竟张之洞两次参加会试都因为张之万是考官而被取消资格。在张之万手下，张之洞开始了他在官场的“实习”生活，其中最主要的一项就是代张之万给朝廷写奏折。张之万身为封疆大吏，需要及时向朝廷汇报工作，而汇报工作的主要途径就是写奏折，奏折写得好坏，直接关系到朝廷对他的评价。他把这么重要的一项工作交给年轻的张之洞，可见他对张之洞的信任，以及对张之洞能力的肯定。张之洞也没有让张之万失望，他写的奏折受到了朝廷的赞赏，就连慈禧太后也称赞奏折写得好。张之洞在奏折中表达自己的见解，评议国家大事，很多意见都很中肯，甚至可以一针见血指出问题所在。但是其中也有年轻人的轻狂，不合时宜。对于这样的内容，张之万自然是给删减了，他告诉张之洞，奏折虽然写得不错，但是这些内容只能等张之洞自己做了封疆大吏的时候再给朝廷上奏。这话在张之万看来，也许就是随口玩笑，可是，对张之洞来说，却是莫大的激励：他张之洞不是已经在做封疆大吏要做的事了吗？在张之万的手下，张之洞除了写奏折，也对官场有了更详细的了解，为他将来的仕途积累了不少经验。

1863 年，为了纪念同治皇帝登基，朝廷决定再开恩科，临时增加了一次科举考试。于是，张之洞也就不用再等 3 年了，上一次会试失败后，紧接着他就又获得了一次参加会试的机会。这一次，张之洞很好地把握住了机会，通过了会试，位列 141 名。这个名次虽然不是太好，但是毕竟通过了。会试之后就是殿试，殿试原则上需要由皇帝亲自主持，不过，当时的同治皇帝只是个小孩子，自然不可能主持这么重要的考试，这次殿试的实际主持者是大权在握的慈禧太后。在殿试中，张之洞先是按照常规思路答题，但是他感觉力度不够，于是便开始大胆发挥，他不仅针砭时弊，甚至连当朝皇帝都敢批评。但是，如果张之洞只是一味地批评，那么他的答卷只能是被评为牢骚满腹。所以张之洞当然不会只停留在批评的层面，在批评之后，他又提出了自己的主张，讨论如何才能更好地治理国家。就是这些关于治国的个人见解，提升了张之洞答卷的层次。而看过张之洞答卷的考官们也分成了两派：一派坚决要求将张之洞的答卷评为最低一等；另一派却力挺张之洞，要把张之洞定为二等第一名。考官们争执不下，于是，张之洞的试卷被呈给了慈禧太后。慈禧看过张之洞的试卷，朱笔一挥，张之洞位列一甲第三，成了这次殿试的“探花”。此时张之洞26 岁。如果慈禧当初没有夺权，张之洞的探花恐怕就难说了。由此开始，张之洞和慈禧之间的君臣关系就算打下了基础。

就在张之洞于仕途上取得突破时，他的结发夫人却因病去世。当时张之洞只有 28 岁，这对他来说是一次不小的打击，为此他伤感了很长一段时间。

纵观张之洞的科举之路，其中虽有坎坷，最终却是收获颇丰：13 岁成为秀才，15 岁考中解元，26 岁成为探花。这样的成就使得他曾遭遇过的困境变得微不足道。在中国 1300 年的科举历史上，能有这般成就的人寥寥无几，绝大多数读书人终其一生都无法完成张之洞众多成就中的一项。这也足以证明张之洞确实拥有超越众人的才华。

考中探花后，张之洞在京城担任了一些没有实权的职位，算是对他的历练。直到 1867 年，29 岁的他才开始担任有实权的官职。

张之洞科举成功后获得的第一个有实权的职位是浙江乡试的副考官。古代以科举取士，考官的重要性不言而喻，而浙江又是江南富庶之地，豪门大户的子弟若想在科举中走得更远，自然会和考官疏通好关系。在历史上，江南地区的科举中就曾多次发生大规模的科举舞弊事件。康熙五十年（1711 年），江南科举舞弊案被揭发，康熙皇帝严令彻查，在此案审理过程中，发现参与舞弊的官员包括总督、巡抚以及众多考官，最终，多名考官被杀，另有多人被革职查办。当时，这一案件震惊朝野。鉴于众多历史教训，朝廷历来重视科举纪律。张之洞被派往浙江任乡试副考官，与其说是对他的锻炼，倒不如说是对他的考验：他能顶住诱惑完成任务吗？

张之洞没有让朝廷失望。他到职后，恪尽职守，尽心尽力选拔人才。重要考试的考卷他坚持全部亲自审阅，即使是一些边缘性质的考试，他也将试卷的大部分审阅一遍。除了严格执行考试程序之外，他在阅卷时坚持唯才录用，只要考生确有真才实学，即便试卷在文字格式上有问题，他也不计较，因而许多在行文格式上有问题的考生也被录取了。但是，他也有绝不通融的一面，那就是在对儒学的理解上。如果他认定考生不能正确理解儒家的价值观，那么，即便文笔无可挑剔，他也坚决不予录取。这一点，再次验证了他对儒学的虔诚。

张之洞顺利完成这次任务，当地学子对他的工作也很是满意，认为张之洞在当地监考是当地学子的一大幸事。事实上这一年张之洞也确实选拔了一批人才，其中有的学子后来担任封疆大吏，有的当了外交官，还有的成了学者，人才之多，前后的几次考试都比不上。

张之洞在浙江乡试中的表现也得到了朝廷的认可，乡试结束后，他当即被任命为湖北学政。学政的全称为“提督学政”，每省只设置一名，任期3年，在待遇上和总督、巡抚一致，相当于朝廷派驻当地的钦差，主要负责主持院试（院试是为了取得参加正式科举考试的资格先要参加的一种考试，院试通过后就是秀才）并监督当地学官。当年纪晓岚也担任过学政一职。这一职务虽然比不了封疆大吏，但是也有着不小的权威。张之洞30岁便担任了这样重要的职位，可见朝廷对他的信任。

在湖北任上，张之洞兢兢业业、公而忘私。他提出，培养人才的首要任务是培养气节，也就是要加强学子们的思想教育，让他们认可、坚守儒家的价值观。至于学子们的文字功底，要在气节的基础上来培养。在人才培养的方式上，张之洞坚持灵活的策略：但凡有才学的，即使在形式上有不足也不妨碍录取。当然张之洞所谓的“才学”，还是指在儒学上的修为。张之洞不拘泥形式选拔人才的做法得到了好评，连曾国藩都赞扬他在湖北的成绩。

1870年，张之洞33岁，此时距离他第一任妻子去世已有5

年时间，这也是他在湖北学政任期内的最后一年。这年，张之洞娶了他的第二任妻子，并在下半年交卸公职返回了京城。回京后，张之洞进入翰林院，并在翰林院任职两年多。这期间，他生活过得很惬意，和友人游山玩水、作诗饮酒，并且喜欢上了古玩。作为爱好古玩的新人，张之洞吃过一个大亏。一次，张之洞在京城买到了一件价值不菲的古鼎。有一天，他想把古鼎里灌上水插上花，可是，当水被灌进古鼎后，这个鼎居然开始漏水了！经过行家检测，张之洞的“古鼎”根本就是个仿制品，就连制作鼎的材料都有很大的问题。这件事让张之洞大为扫兴，不过，随着经验的增加，他在古玩上的造诣也日渐显露。当然，随着他的官职越升越高，假古玩也很难再到他手中了。这期间，张之洞再次经历亡妻之痛，他的第二任夫人在1872年去世了。

1873年，张之洞再次被外调，这次是去四川，依然是乡试的副考官，并且不久后又任四川学政。四川不比江南，路途艰难不说，科场的问题也非常严重。正所谓天高皇帝远，朝廷对四川科举舞弊的打击力度不及江南，所以，四川科举考试的风气极差，甚至影响到了当地的社会秩序。当时四川科场的作弊手段无所不包，如找人替考、涂改考卷编号以及与考官窜通等，更严重的还有绑架考官，勒索钱财。

张之洞到任后，对这些舞弊行为进行了严厉打击，并在全省通缉替考的枪手；对于胆敢绑架考官的歹徒，张之洞更是严惩不贷。张之洞的“铁血”手段获得了当地学子的认可，并且收到了很好的效果，一批有才学的士子得到了出头的机会。“戊戌六君子”中的杨锐就是张之洞在主持四川学政期间发现的人才。当时张之洞把杨锐比作是四川的苏轼，对其才华给予了充分肯定。后来，张之洞出任封壃大吏，杨锐成了张之洞的重要幕僚。杨锐虽然也是变法一派，但是他的变法主张和康有为有所不同，杨锐的变法主张受到了张之洞“中学为体，西学为用”思想的影响，他攻击康有为，并要求对康有为的新法进行修改。当杨锐被抓后，张之洞也曾试图营救他，可是不等张之洞有所动作，慈禧太后已经下令开刀问斩。在四川任职 3 年期间，张之洞大力整顿了当地的学风，发现了一批人才。张之洞去世后，四川总督赵尔巽曾高度赞扬张之洞在四川主持学政时的成绩，他在给朝廷的奏折中说经过张之洞的努力，四川改变了学风，培养了大量人才。

1876 年底，张之洞任满，并于次年回到京城。张之洞在四川的日子过得并不宽裕，回京时连路费都难以凑齐，最后他不得已卖掉了自己珍藏的“万氏拾书经版”才凑齐了路费。他任四川学政，是钦差身份，在待遇上和总督相当。对他而言，如果想要获得钱财，可以说是挥手即来，但是，为了坚守自己的儒家信仰，为了扭转当地的不正学风，他杜绝了钱财的诱惑，以实际行动表明自己的决心。

就在这一年，张之洞遇到了他的第三任夫人。张之洞离川时在经济上的窘迫并没有让新夫人对张之洞有意见，她对丈夫给予了极大的支持和信任。不幸的是在 1879 年，张之洞的第三任夫人也离开了人世，张之洞又一次经历亡妻之痛。

张之洞回到京城后，任职于文渊阁、国子监等机构，担任的职务比较清闲，直到 1882 年底被任命为山西巡抚。在这 6 年中，张之洞成了一个颇有名望的“谏官”。

当时，京城活跃着一批被称为“清流党”的士大夫。这些人大多数都是担任着虚职，有一定的声望，却没有实权，他们经常给朝廷上书，或是献言献计，或是针砭时弊，甚至有时连皇帝和太后都因为他们的谏言而难堪。而清流党的主要斗争对象则是洋务派。

经历过第二次鸦片战争之后，西方列强的要求暂时得到满足，他们对清廷的干预放缓；各地的农民起义也被扑灭，国内形势缓和；李鸿章等人大办洋务，清廷在经济上出现了复苏的假象。这一系列因素竟然给摇摇欲坠的大清朝带来了“中兴”的迹象。在这种情况下，慈禧太后出于制衡洋务派的考虑，默许了清流党的存在。所谓清流党，绝不是大清朝要广开言路，而是统治阶级权力斗争的产物。如果没有慈禧太后的默许，清流党根本就无法成势。

张之洞回京后，看到清流党“大义凛然”，心中的崇敬之情油然而生，清流党的作为不就是一个儒生理所应当做的吗？基于他的信仰、性格等因素，张之洞也成为清流党中的一员。

在前两年，张之洞因为官职较低，没有资格直接给皇帝和太后上书，他就替别人写奏折，借他人之口表达自己的政治见解。他提出的许多建议都得到了朝廷的采纳。后来，张之洞到国子监任职，有了直接向朝廷上奏折的资格，由此，他的言论开始受到慈禧太后的关注。

张之洞的奏折很多都是言辞激烈，但是，在关键问题上，他选择站在慈禧太后一边。同治皇帝死后无子，按照清朝的规定，需要在同治皇帝的晚辈中找一个贤能的人来继承皇位。如果按照这个规定选择皇位继承人，慈禧就会成为太皇太后，那么她就没有资格继续垂帘听政了。为了继续掌控朝政，慈禧就找来了同治皇帝的堂弟、年仅 3 岁的载湉（后来的光绪皇帝）来继承皇位，这样她依旧是皇太后，可以继续垂帘听政。对于这件事，许多人都有意见，虽然不敢公开指出，却也在私下吵得沸沸扬扬。这时，张之洞给慈禧上了一道奏折，为慈禧辩解这件事。慈禧看过张之洞的奏折，心中甚是欢喜：有张之洞这种敢说话的人出来为她引导舆论，关于此事的非议也会逐渐消失。

张之洞为慈禧辩解，一方面是因为他是慈禧钦点的探花。知恩图报是一个儒生必备的道德素养，慈禧在为难之际张之洞适时报答，这也在情理之中；另一方面则是因为张之洞已经看清了形势，慈禧大权在握，想要在朝廷有所作为，必须要和慈禧有良好的关系，至少要给慈禧留下好印象。张之洞的这次举动，让慈禧对他另眼相看。

张之洞虽然有意讨好慈禧，但是很多时候他依旧是秉公持论、仗义执言、为民请命、不畏权贵。这期间有两件事最能表现张之洞正直的一面。

第一件事是平反东乡冤案。咸丰、同治年间，四川当地官员大肆敛财，不断增加苛捐杂税，1875 年，苦不堪言的东乡普通百姓进城请愿，要求官府减少税收。但是，当地官员不仅不理会百姓的请愿，反而污蔑百姓是聚众造反，并派兵到东乡，对当地百姓大肆屠杀，400 多人冤死。东乡百姓不服，选代表进京申冤，结果他们的代表不仅没有申冤成功，反而被抓下狱。400 多人无辜被杀，但是肇事官员只是被革职，案子最终也不了了之。

1878 年春，朝廷下令让官员进谏，于是有人利用这一机会提出要复查东乡一案。但是，朝廷对此事却坚持维持原判。

东乡冤案发生时，张之洞还在四川学政任上，这件事他有所了解，虽然他心里对判决结果很是不满，却无权过问。这次有人重提此事，朝廷却坚持原判，这让张之洞极为气愤。他在四川任过职，在感情上对四川比较亲近，同时，上书谏言也是他的职责，于公于私他都有必要查清此事。于是，他决定给朝廷上书，要求惩办官员，还百姓公道。他的奏折没有就事论事，而是把整个事件的大背景做了详细的分析，在背景之上对此事进行解释。这一奏折在东乡冤案的基础上，又牵扯出了许多相关的重大案件，朝廷不得不重视起来。最终，朝廷认定东乡一案属于冤案，直接肇事官员则被处以极刑，其他相关人员也受到惩处。就这样，在张之洞的努力下，一场持续了多年的冤案最终得以平反，一时间，张之洞名声大振。

张之洞作为清流党所办的另一件大事是针对中俄不平等条约。1871 年，一股中亚军事力量在西方列强的支持下进攻新疆，俄国趁乱占据了新疆的多个地区，左宗棠奉命进军新疆，并成功收回了大多数被侵占的领土，只有俄国人占据的伊犁地区未被收回。此事一拖再拖，清政府始终不敢与俄国开战。1878 年，清政府派崇厚去俄国谈判收复伊犁地区的问题。崇厚不懂外交，对新疆也不了解，在俄国人的威胁和愚弄下，擅自签下了严重损害国家利益的条约。根据崇厚签订的条约，中国不仅要损失大片领土，还要向俄国支付巨额赔款。

消息传回国内，朝野哗然，各方一致反对签订此条约。但是，李鸿章却站出来支持崇厚。李鸿章向来是清流党攻击的对象，这次面对丧权辱国的条约，他又竟然表示支持，这更加激怒了清流党，张之洞自然也无法容忍。于是，针对中俄条约问题，张之洞前后上了 20 多道奏折，陈说条约对国家的危害。他还要求诛杀崇厚，严明法纪。

慈禧太后看过张之洞的奏折，对他的许多谏言表示赞许，还将张之洞召进宫中，讨论对俄政策。慈禧太后还特批张之洞可以到总理衙门建言献策。当时的总理衙门主要就是处理对各国的外交事务。最终，在各方的压力下，清廷没有批准崇厚签下的合约，崇厚虽然没有被杀，却受到了处分。后来，曾国藩的儿子曾纪泽出使俄国，重新签订了条约。虽然新的条约依旧是不平等条约，但是却比崇厚签订的条约宽松了许多，一部分权利被收回。整个事件最终的结果虽然源自很多方面的努力，但是，张之洞关于此事的谏言所起到的作用也是不容忽视的。

正是这几年的清流党经历，使张之洞的才干和忠诚得到了慈禧太后的认可。他离开四川回到京城时，仅仅只是一个连给朝廷上书的资格都没有的低级官吏，而6年后，他已经成为二品大员，在朝廷占据着重要位置。1881年底，张之洞被授予山西巡抚一职，成为实权在握的封疆大吏，他全新的政治生涯由此开始。

洋人、火器、洋务

1882年初，张之洞出任山西巡抚时，已经45岁，而这之前的张之洞，对于洋人、火器、洋务都是极端的抵制，看过他前45年的经历，根本就不敢想象他居然会成为洋务派举足轻重的人物。

张之洞的籍贯虽是河北南皮，但是他生于贵州长于贵州。他那个时代的贵州，包括整个中国，所延续的依旧是中国千百年来的传统模式，而他那个时代的世界，却正在发生着翻天覆地的大变革。

到张之洞出生时，以英国为代表的资本主义国家已经完成了第一次工业革命，在蒸汽机的带动下，英国成为世界霸主，其领地遍布全球。在亚洲，英国占有印度，入侵缅甸，控制新加坡、马来西亚；在大洋洲，澳大利亚和新西兰全部被英国占据；在非洲，塞拉里昂、尼日利亚和黄金海岸相继沦为英国殖民地；在美洲，美国虽然独立，但是加拿大依旧在英国的控制当中，中美洲也是英国的势力范围。英国所占有的领土，远远超过当时清朝的领土。

借助工业的力量，各资本主义国家在军事上也完成了变革。到 1840 年英国向中国开战时，英军的装备较清军而言已经有质的提升。英军士兵已经全部装备火枪，而清军士兵还以冷兵器为主；英军的火炮不仅比清军的火炮威力更大，机动性和射程也占有优势；在战术方面，英国的对外扩张已经持续了数百年，在这个过程中，英军的战术不断完善，尤其是经历过北美独立战争和拿破仑战争之后，英军的战术更加成熟，清军则不同，其战术思想依旧停留在冷兵器时代，根本无法适应新形势的战争。就整体而言，清军已经远远落后于英军。

在经济上，当时的中国经济总量并不在英国之下，但是，就经济成分的具体构成而言，中国却远远落后于英国。当时的中国依旧维持着农业社会的生产模式，主要以手工劳动为主，效率低下、产品单一，中国的经济总量是建立在庞大的人口基数上的。英国则不然，在纺织业，英国全面引进机器生产，机器的使用极大地提高了生产效率，英国生产的布匹在满足本国需求的同时，还可以大量出口，占据着世界市场；而此时中国的纺织业依然停留在手工阶段，生产的布匹甚至都难以满足本国需求。在冶金行业，尤其是钢铁方面，英国是当时的世界之最，钢铁产量占全世界的一半，钢铁行业的发达为英国工业的发展提供了有力的保障，而且英国在冶金技术上也处在领先地位；而当时的中国只有极为简易的铁匠铺，根本就谈不上产业。

可是，外部世界的巨大变化却没有给中国造成任何影响，即便是1840年的中英之战，也没能让中国的统治阶层有所警醒。当时在位的道光皇帝在战争结束后，没有反思中国失败的原因，更没有试图进行变革，他做的第一件事居然是要裁减军队以减少军费开支，而战争中主战的林则徐被发配新疆。当然，并非所有的中国人都像道光皇帝那样保守不前，经历过这次战争的林则徐、魏源等人已经开始意识到中国的落后，魏源提出“师夷之长技以制夷”等在当时堪称先进的思想，希望当时的清政府能够鼓励工业发展。然而，寥寥数人的先见之明根本无法撼动整个国家的故步自封，魏源的观点并没有得到朝廷的重视，中国社会依旧延续着已经被世界抛弃的发展模式，中国与世界的差距也越来越大。

张之洞长于西南内陆，那时魏源等开明人士已经开始放眼世界，可是，魏源的先进思想连京城的皇帝都无动于衷，身处偏远内陆的张之洞怎么可能会受到这些先进思想的影响呢？所以，在张之洞早年，他对外部世界的了解和当时绝大多数中国人是一样的，在他的印象中很可能根本就没有洋人的概念。

洋人第一次给张之洞带来震撼是在1860年。当年8月1日，英法联军18000人在天津沿海登陆，并向内陆进军。10月13日英法联军攻入北京。在这两个半月的时间内，清廷虽然不断派出军队抵抗英法的进攻，但是，清军在装备、战术、士气等方面都落后于英法联军，在人数上处于劣势的英法联军凭借这些优势步步逼近，并最终攻破北京城。

为了教训中国，英法联军在占领北京后，又放纵士兵大肆烧杀抢掠，皇家园林如圆明园、清漪园、静明园（玉泉山）、静宜园（香山）、畅春园等均被付之一炬。圆明园大火持续了三天三夜，被困在园内的数百人葬身火海。

这一年，张之洞23岁，他原本要到北京参加科举考试，只是因为他的族兄张之万是考官而被取消了考试资格。在英法联军攻陷北京之前，张之洞已经离开京城回到南皮，短短几个月的时间，北京沦陷。这一消息震惊全国，堂堂天朝大国的京师，竟然被一伙洋夷攻破，这简直是奇耻大辱。张之洞听闻此事后，更是悲愤，他为此作诗《海水》一首，以表国耻之痛，这其中更是哀痛如在其身。

海水

海水群飞舞蜃螭，甘泉烽火接令支。

牟驼一旅犹言战，河上诸侯定出师。

地孽竟符苍鸟怪，天心肯使白龙危？

春秋王道宏无外，狭量迂儒那得知？

诗中，张之洞以“海水群飞”来比喻时局的动乱，“蜃螭”则比喻外寇。甘泉是汉代皇帝行宫，离汉都长安约300里，用烽火传递信息很快就能到达长安；令支在河北滦县、迁安一带，春秋时齐桓公灭令支。这一句是说北方将有战事。牟驼冈在北宋汴京城外，北宋末，金军侵宋，将大营设在这里，宋军出兵偷袭，张之洞以这两句感慨当时无人能应对外敌的入侵。苍鸟即鹰，白龙即兴灾之龙，在这两句诗中，张之洞盼望平定外寇的心意表露无遗。最后一句则批评无能之辈误国。诗中虽然有忧国之情，可是也只是停留在感情层面，并没有思考中国为什么会这样。此时的张之洞一心想的还是科举，这一事件只是让他对洋人增添了不少敌视和痛恨，洋务对他来说更是无从谈起。

面对第二次鸦片战争的失败，尤其是京师沦陷，清朝统治阶级中终于有人开始反思中国失败的原因。1861 年初，恭亲王奕訢等人给朝廷上奏折，提出了以富国强兵为目标的洋务运动，曾国藩、李鸿章、左宗棠等重臣也积极响应，着手操办洋务。但是，这批人办洋务的初衷主要是在强军上，尤其是经历过太平天国战争之后，他们明显感受到了西方军事装备的优势，因而更加热衷于新式武器的引进。

太平天国在广西起义时，根本就接触不到新式武器；在占领南京后，他们同外界的接触开始增多，尤其是西方的新式武器给他们以极大震撼。随后，太平天国开始大规模从国外采购新式武器。当时两江总督怡良曾查获过向太平天国走私武器的外国船只，仅在一艘船上就发现了 6000 支洋枪。曾国藩在与太平天国作战期间，也缴获了大量新式武器，洋枪洋炮一应俱全。到后期，太平天国将领李秀成的部队则装备了更多的新式武器，李鸿章说李秀成部装备的洋枪是最多的。左宗棠曾说他的部队从太平天国那里缴获过上万支洋枪。而据萧一山《清代通史》记载：1862 年 4 月上海一家洋行供给太平军步枪 3046 支，野炮 795 尊，火药 484 桶，子弹 18000 发。

面对太平天国大量的新式武器，清军不得不加速更新装备。曾国藩刚开始创办湘军时，就重视对新式武器的使用。但是，曾国藩对新式武器抱有戒心，他担心一旦大规模使用新式武器，可能会导致中国的大变故。因而湘军在装备新式武器的进度上很有限，新式武器只占到全部的20%左右。李鸿章则没有曾国藩的担忧，他的淮军有80%都装备了新式武器。但是，这些新式武器无一例外都是购自海外，不论是枪支还是弹药，都受到列强的控制。在中国人打内战的时候，洋人向各方出售武器，坐收渔利。可是，当中国人拿起枪炮抵御洋人入侵时，洋人就立即对中国实施武器禁运。这些问题曾国藩等人已有所察觉，所以，在镇压太平天国战争进行到最后阶段的时候，曾国藩等大臣便有了自己办洋务的想法，并付诸实施。

1861年下半年，此时距离彻底平定太平天国还有3年，在紧张的战事中，曾国藩在安庆创办了安庆内军械所，这是一家军工企业，也是洋务运动时期创建的第一所近代企业。安庆属安徽，紧邻长江，位于武汉与南京之间，当时是清军镇压太平军的重要据点。曾国藩在此时此地创办这样一座兵工厂，直接目的就是服务于镇压太平军的战争。安庆内军械所主要生产子弹、火药、炸炮、劈山炮和火轮船。在用人方面，安庆内军械所坚持不用洋人，各项技术都由中国人负责。虽然在技术上不如洋人，但是依旧取得了不少成果，除了制造弹药之外，他们还制造了中国的第一台蒸汽机和第一艘木壳轮船。

在安庆内军械所创办一年之后，李鸿章在上海也办起了制造军火的洋炮局。与曾国藩不用洋人不同，李鸿章一开始就聘用洋人来主持技术工作。在聘用洋人的同时，李鸿章还有意培养自己的技术人才，他派人跟洋人技师学习制造技术，并希望把这些新技术在中国推广开来。上海洋炮局主要生产炮弹和火药，每月生产炮弹六七千枚，交淮军各部使用。当时，买一颗从英国炮船上偷来的很普通的12磅炮弹要费30两银子，而清朝六品官员一年的俸禄也不过45两白银。这一兵工厂的创办，无疑为李鸿章节省了一大批开支。

后来，洋务派创办的军工企业不断增多，如江南制造局、福州船政局等。进入19世纪70年代，又创办了不少民用企业，如轮船招商局、开平矿务局、天津电报局、唐山胥各庄铁路、上海机器织布局、兰州织呢局等。办洋务的大臣除了曾国藩、李鸿章之外，还有左宗棠、崇厚、沈葆桢等人。

在洋务派开始大办洋务之时，张之洞先是考中了探花，之后又担任学政，主抓地方教育，这期间他和洋务始终没有什么联系。1876年底，张之洞回到京城任职，由此，他开始和洋务有了联系，不过，这时的张之洞完全是站在洋务派的对立面。张之洞回京时，曾国藩已经于4年前去世，此时大权在握的洋务派重臣是李鸿章。李鸿章办洋务多年，对于中国与列强在工业上的差距心知肚明，他希望尽量维持与列强的和平局面，为中国争取一个安定的环境来发展工业，所以他在外交上主和。与李鸿章不同，“刚正不阿”的清流党反对和洋夷议和，他们坚决要求对外开战，维护天朝国威。因而，李鸿章主和的外交政策遭到了清流党的攻击；同时，早期洋务派耗费了大量资金，但是洋务的效果并不明显，这也导致了清流党对洋务的批评。

作为清流党中最为激进的一位，张之洞对洋务的攻击也是最猛烈的。崇厚与沙俄签订辱国条约，他就上书要求杀崇厚；他弹劾李鸿章，说李鸿章花费大量资金办军工厂就是为了他自己的淮军；对于洋务效果不明显，张之洞则指责他们浪费资金、谋取私利。虽然张之洞等人对洋务猛烈攻击，不过，这并没有对洋务派造成实质影响，当时的洋务派手握大权、位居高官，还在镇压太平天国时建立起了自己的武装，就连慈禧太后也需要拉拢他们，仅凭清流党几张嘴，是无法撼动洋务派的。也正是从这个时候开始，张之洞和李鸿章开始结怨，彼此对对方多有不满，在许多重大事件上他们意见相左，互不相让。张之洞骂李鸿章像秦桧，李鸿章则称张之洞空有一身书生气，却不懂大势。李鸿章去世时，张之洞既没有挽诗祭文，也没有挽联，仅仅送了个祭帐，当中只有一个“奠”字。可见两人的关系之冷淡。

早期的张之洞和洋务派处在这种尴尬的关系之中，那么，张之洞究竟是怎样转变为一个洋务派重要人物的呢？

2

任职山西　初试洋务

1881年底，44岁的张之洞在很短的时间内从一个只有虚职的“谏官”摇身一变成为山西省巡抚，成为手握实权的封疆大吏。张之洞在仕途上的这一重大转变是有很多因素共同促成的：最重要的一点是他的才能得到了朝廷的认可；再者则是他是慈禧钦点的探花，是慈禧的“自己人”；另外，张之洞的族兄张之万也是一个重要因素。张之万状元出身，早年教授道光皇帝的皇子读书，与一些皇子建立了良好的关系，这其中就有后来光绪皇帝的父亲，基于这样的关系，张之万在上层社会很有影响力，他积极向朝廷推荐张之洞，为张之洞的仕途带来了不少便利。这一系列因素，铺平了张之洞的仕途，而张之洞则想以实际行动来向世人证明他的成功源自于他的才干，而非种种外因。带着满腔抱负，张之洞摩拳擦掌，想要在山西成就一番功业。

整顿山西

当代山西以产煤著称全国，但是，在100多年前，山西却是另外一番景象。当时的山西最明显的特点就是两极分化严重：以晋商为代表的社会上层积聚着惊人的财富，即便清政府也曾向晋商借钱还国债；同时，底层人民的生活则极为贫困，在张之洞任职山西的数年之前，山西全省大旱，甚至发生了易子而食的惨剧。

对于山西的情况，张之洞在赴任前就开始进行了解，而搜集到的信息让他心里很是沉重，山西的问题不仅多，而且个个棘手。不过，发现的问题越多，张之洞反而越有斗志，在他看来，一个清平世界是很难让他有机会施展的，只有一个乱世，才能给他足够的发挥空间，才能让他的才干为世人认可。

为了进一步了解山西的实情，张之洞在去山西时，选择了轻车简从，随行的只有几个人，装扮上像个普通私塾先生。他一路前行，对沿途的民生进行考察，向遇到的各种人询问当地的情况。一路走来，张之洞对山西的困难有了更深的了解。到达省府太原之后，他当即就给朝廷上奏折，一方面汇报山西的情况，另一方面表明自己励精图治的决心。在奏折中，张之洞指出，山西的百姓穷、官场乱，可谓是贫弱交加，整个省城更是一片死寂，毫无生气，形同鬼国一般。他告诉朝廷，他要在山西安抚百姓、整顿吏治、发展生产、讲武练兵。

这样的一番表述不过是官场的惯例，大凡京官到地方主政，都会讲一通这样的豪言壮语，张之洞自然也不例外。而张之洞的不同之处就在于他讲完这番话之后的举动。其他京官到地方后多数会按照之前的规矩，安安稳稳地度过自己的任期，不求有功，但求无过，尤其是在晚清乱世，地方大员能确保任期内不出问题就是大功一件。张之洞的前任是卫荣光，这卫荣光是清朝少有的清官，他吃早饭只吃三根油条，所以被人称为“三根油条”，但是在山西巡抚任期内，面对种种问题，卫荣光也没有大动作，只求稳稳当当地结束自己的任期。张之洞则不然，他到职后，完全无视常规，他不在省府太原安安稳稳地做他的山西巡抚，反而是四处查访、多方打听，要把山西的情况完全掌握。就这样，半年之后，张之洞根据他对山西的了解，提出了他在山西的施政纲领，他治理的重点有三个方面：第一是整顿官场；第二是清理财政；第三是查禁鸦片。

根据张之洞的调查，官场腐败是当时山西的第一大问题。腐败严重，全省各个方面都要受到制约。在民生方面，官府不仅不与民谋利，反而用各种办法剥削百姓，比如私自增加各种名目的税收，增加百姓的经济负担；在经济方面，官商勾结，哄抬物价，压榨百姓；在司法方面，贪官污吏们无视国法朝纲，歪曲是非曲直，哪一方给的银子多就判哪一方胜诉，若是不听从判决，则以扰乱国法的罪名进行打击，这种行为极大地破坏了社会的公平正义。此外，当地贪官还大肆侵吞国家下拨的救灾款，原本是百姓的救命银子却成了不法官员的私人收入。腐败在伤害百姓的同时，还阻碍政令的传达和施行。一道政令下达，腐败官员往往会采用欺上瞒下的手段，对上谎称已经执行，对下却秘而不宣。如此一来，他们虽然没有任何实际行动，却能让上级满意，底下的百姓因为不知道，也就不会有意见，各方也就相安无事。这一点对张之洞而言是最不能容忍的，他到地方是想真心大干一场，做出一番成就，如果他的政令因为这些贪官污吏而无法执行，那么他的愿望自然不可能实现。所以，张之洞把整顿吏治当成他在山西的首要任务，对当地官员展开了大规模的整顿。

张之洞发布公文，令山西省内各级政府对在职官员进行一次考核，评出优劣。对于考核结果，张之洞通过明察暗访进行核实，对于不合格的官员，张之洞进行了相应的处罚。受到处罚的官员既有文官也有武官，级别上也不分高低，凡是违法的一律处罚。一批同知、知州、知县、总兵、参将都受到严惩。在惩处不法官员的同时，张之洞也嘉奖了一批遵纪守法的官员，做到有奖有罚，以此引导官场风气。

在打击不法官员的同时，张之洞还从制度上杜绝腐败。清代官员除了定额的俸禄之外，还有各种补贴，这些补贴以“公费”的名义落入官员的口袋，对于改善民生或者发展地方经济而言毫无益处。针对这些陈规陋习，张之洞一概禁止，他将那些所谓的“公费”全部取消。此外，当时下级官吏给上司送些礼物钱财几乎成了“常理”，而张之洞则认识到了这根本就是行贿，败坏官场风气，于是他下令严禁送礼。再有就是科举考试中的弊病。各级官员为了能够多捞钱财，就把科举考试需要的费用摊派到普通百姓头上，如此一来，他们侵吞了朝廷下拨的专款不说，还能从普通百姓身上榨取一笔。对此，张之洞下令科举考试需要的费用一律公款支付，不得向百姓摊派。

张之洞整顿官场的力度确实不小，但是，他整顿的都是他的下属，牵扯到的人也都是违法乱纪的当事人，所以遇到的阻力是很有限的。对张之洞而言，真正的挑战是清理山西财政一事。那么，山西财政能有多大问题呢？

在张之洞到任前，山西省的财政已经有33年没有清理过了，从1849年到1882年，山西财政一直都是一笔糊涂账。张之洞得知这个情况后，不由得吸了一口凉气：33年没有清理过的财政，那里头得藏着多少猫腻？这中间已经经过了多少任巡抚？要是追究起来，得牵涉到多少人？

吃惊归吃惊，这财政还是要理清的，如果不查清账目，他还怎么在山西当家？还怎么成就一番功业？

一个省的财政怎么能33年不清查呢？这当中的原因自然有很多，而最主要的有两个：一个是不愿意清理；另一个是不敢清理。

为什么不愿意清理呢？因为不清理，那就是一笔糊涂账，谁拿了多少就说不清楚，如此一来，大家就都能从中得到好处，"人人"都能捞到好处的事，那就不是一件坏事。当然，这个"人人"是那些骑马坐轿的官老爷，与普通百姓无关。

为什么不敢清理呢？因为从山西财政上拿过钱的人太多了，清理起来那就要牵涉一批人，而这些人当中又有不少升了更大的官，山西地方上动不了他们不说，闹不好还要自身难保。所以，这笔账就这么糊涂了33年之久。

难道朝廷就不闻不问吗？朝廷不是不闻不问，而是根本就顾不上山西财政这样的事。所谓朝廷就是皇帝一人，后来则是慈禧太后一人，至于所谓的大臣，不过是给皇帝、太后办事而已，只要皇帝、太后不过问的事，那就是没事。当时的中国内忧外患，仗没完没了地打，打仗已经让皇帝、太后忙得不可开交了，哪有心思管什么山西财政呢？再者，山西每年都能完成朝廷下达的任务，完成任务了，就符合朝廷的要求，那就是没问题，既然没问题，朝廷就更没必要管了。

在这种财政乱象之下，唯一受苦的就是普通百姓。各方官吏为了捞钱，拼命向百姓摊派税款，税款的名目也是五花八门，什么修路、架桥，凡是与百姓相关的，都成了征税的对象。不过，税收虽然繁重，却还不至于让普通百姓难以维持生计，官老爷们多多少少还是会给百姓留下那么一两口吃的，以防走投无路的百姓揭竿而起。

当张之洞打算清理财政的消息传出后，山西省内不少官员心里都是一颤：要出事了！但是，这些官员很快就恢复了平静：他张之洞有这个能耐查吗？

如果单凭他一个“光杆司令”，想要理清山西财政的问题，确实不可能，张之洞自然也不会单枪匹马来做这件事。他先是将此事上奏朝廷，获得了朝廷的认可，免除了后顾之忧，然后他将山西省内一批清廉的官吏提拔起来，并让他们参与清理财政，同时，他还设立“清源局”，专门负责清查账目。做好了前期的准备工作之后，张之洞并不急于立即清查全部账目，他将账目分批清理，并告知全省官吏，如果能够在规定的时间内主动补上与自己相关的账目，就不再深究。就这样，经过一年多的努力，山西30多年没有理清的账目，让张之洞理清了。张之洞能够理清这错综复杂的账目，一是因为他的前期准备充分，二是因为他的方法得当。前期的充分准备让他不至于投鼠忌器，适当的方式避免了适得其反，能够让那些官吏以较为平和的心态接受此事，如果方式太过激烈，不给他们留活路，很可能会让他们狗急跳墙，最终张之洞就很难在山西立足了。

张之洞在山西时办的第三件大事是查禁鸦片。鸦片这种东西本来是作为药物使用的，剂量得当的话可以安神、安眠、镇痛、止泻、止咳；如果剂量不得当，那就成了让人上瘾并损害健康的毒品。当初西方列强为了牟利，向中国大肆走私鸦片，并通过两次鸦片战争，把鸦片贸易合法化。清政府畏惧西方列强的枪炮，不敢查禁鸦片，而一些中国人在看到鸦片能带来巨额利润后，便开始在中国生产鸦片。用来提取鸦片的植物是罂粟，于是，大片大片的土地不再种庄家，而是种上了罂粟。罂粟花开的时候，一望无际的灿烂花朵着实美丽，可是，美丽的花朵之后，却是能够让人倾家荡产甚至性命不保的鸦片。张之洞进入山西时正值冬季，看不到罂粟花的美丽，事实上他当然也不在意罂粟这一点，他关心的是如何让这些害人的罂粟在山西绝迹。当时的山西苛捐杂税繁多，普通百姓靠种庄稼根本无力缴纳各种赋税，于是，利润丰厚的罂粟便取代了粮食，成了很多人争相种植的“摇钱树”。除了种植鸦片之外，当地吸食鸦片的情况也很严重，在农村，十个人里有六个人是烟鬼；在城里，十个人里面得有九个吸食鸦片；在官场和兵营里，基本上是人人抽、个个吸。大量种植鸦片，导致粮食作物的种植面积减少，饥荒随时可能爆发；大量人员吸食鸦片，不仅败坏社会风气，还威胁社会稳定。

面对这种情况，张之洞将查禁鸦片视为重中之重，他三令五申，严令山西各地区官员执行查禁鸦片的禁令，已经种上的，坚决要铲除，没有种的，坚决不能种，如果有人敢隐瞒不报，一经发现一律重罚。官员如果在禁烟中表现优异，他就大加奖励；如果不能严格执行，就要被革职查办。为了防止查禁鸦片之后有人重新经营鸦片，张之洞还建立长效机制，不断派人检查，时刻提防鸦片死灰复燃。对于那些已经染上毒瘾的人，张之洞建立专门的戒毒机构来让他们戒毒；对于那些有毒瘾的官员和士兵，张之洞先让他们戒毒，如果不能戒毒，就免去他们的职务。

除了直接禁烟之外，张之洞还意识到，鸦片问题严重，根源在于百姓太穷，所以，他一边查禁鸦片一边鼓励发展生产，增加百姓的收入。同时他还利用清查账目的机会，废除了许多当地官员私自增加的税目，减轻了当地百姓的压力。

经过张之洞的努力，当地鸦片横行的局面暂时得到了抑制。遗憾的是，张之洞在山西的任期并不长，只有两年半，而且当时的中国是人治社会，政策随着人变，张之洞离任后，继任者不再执行张之洞的政策，鸦片再次在山西泛滥成灾。

结识洋人

张之洞在山西的种种改革虽然在一定程度上解决了某些问题，但是，却很难达到他所期望的最终目的：富强山西。张之洞自己也在不断思考，怎么样才能让山西富强呢？仅仅靠种庄稼是不可能的，山西是中国历史上最早开发的地区之一，山西的农业已经发展了几千年，结果还是一贫如洗，这几千的历史，足以证明农业救不了山西。难道山西就要一直这么贫穷下去吗？张之洞当然不相信。在苦苦思索却得不到答案的时候，张之洞索性跳出山西，他把眼光放到了全国，重点关注着东南方——那里有一批人正在大办洋务。张之洞心里清楚，办洋务的那批人花了朝廷不少银子，他为此还弹劾过他们，但是，他也看到了这些银子所带来的成果：洋枪洋炮。尤其是有了在山西的经历之后，张之洞对花银子这件事有了更深刻的认识：这些银子与其让那些贪官污吏拿去挥霍，倒不如办洋务换成洋枪洋炮。洋枪洋炮不仅能让自己强大，还能卖给别人赚银子，这未尝不是一条出路。

可是，办洋务需要人才，不是读四书五经就能办得出来的。山西地处内陆，不要说普通百姓，就是当地官员，也没人懂得洋务。要在山西办洋务，这可能吗？事情就是这么凑巧，就在张之洞开始关注洋务的时候，一份与洋务相关的文件出现了。

那天，张之洞在省府的文档库里查阅资料，以便全面了解山西。就在他翻阅资料的时候，一份写着“洋务”字样的文件进入他的视线。这份资料的出现，让他感到又惊又喜，惊的是省府文档库里竟然有关于洋务的资料，喜的是山西很有可能有能够参与办洋务的人才。此时张之洞也顾不得其他，急忙取了这份关于洋务的文件细细阅读。这份文件里提出了许多关于在山西发展洋务的计划，例如开矿、筑路、办学校等，试图将西方国家的成功经验搬到山西。张之洞看着这些内容，心里面开始不那么平静了，他边看边想：如果山西真的建起了这份文件里说的那些东西，山西的富强还是问题吗？然而，当张之洞看到最后的署名时，他的心一下子紧绷起来了：李提摩太。署名虽然是“李”开头，但是这个名字怎么看也不可能是个中国人的名字。这份文件是个洋人提交的！

洋人？张之洞虽然没有和洋人直接打过交道，但是这并不影响他对洋人的厌恶。1860 年，也就是张之洞 23 岁那年，英法联军打进北京城，火烧圆明园。这件事给了张之洞极大的触动，也加重了他对洋人的厌恶。随着洋人在中国的活动范围越来越大，在洋枪洋炮的支持下，他们也越来越嚣张。更可恨的是，洋人不仅抢夺中国人的财富，还有一批被称为“传教士”的洋人试图让中国人不尊孔子尊上帝，这一点让张之洞更加无法容忍：中国人怎么能不尊孔子呢？而且很多传教士倚仗特权，无视官府权威、目无中国法纪，到处建教堂，强行传教，收中国人做教民。因为他们太过强横，所以他们和中国百姓时常发生冲突，不论事大事小，往往都是中国人不占理，官府一般都不敢惹这些洋人，即便有流血事件，不论是哪方死伤，其结果都是中国方面要赔款甚至偿命。

山西虽然地处内陆，但是依然难逃传教士的魔爪，许多传教士打着救苦救难的旗号在山西传教。张之洞到山西后，就接到过几起跟洋人传教士相关的案子，这些案子以前并非没有，只是以前官员都不敢惹洋人，与洋人有关的案子都是以“大事化小，小事化了”的态度来解决。张之洞则不然，他非常讨厌洋人，还在京城做清流党的时候，他就提出了不少对付洋人的策略，现如今成为封疆大吏，在他的地盘上有洋人犯案，张之洞自然不会无视。为此，他刚担任山西巡抚半年多，就成立了“教案局”，专门用来处理和洋人相关的案子。

此时，张之洞坐在省府的档案库里，看看手上那份关于在山西发展洋务的方案，再想想那些洋人可憎的一面，他犹豫了：这个叫李提摩太的洋人在山西弄出这么一个发展洋务的方案，他到底是什么居心？张之洞虽然已经是封疆大吏，但是这并不等于他无所不知、无所不能，眼前的这个发展洋务方案就让他摸不着头脑。为了彻底弄清这个洋人的意图，张之洞找来了省府档案库的官员，向他们打听关于这份文件和这个洋人。

经询问得知，这个叫李提摩太的洋人就是一个传教士，他是英国人，来中国传教已经有十几年的时间了，在山西也待了好几年了。这份关于洋务的文件是李提摩太在前些年写给当时的山西巡抚曾国荃的。曾国荃是曾国藩的弟弟，和曾国藩一起参与镇压太平天国，并立下功劳，1875 年后历任陕西、山西巡抚。曾国荃在任山西巡抚期间，李提摩太误以为曾国荃和曾国藩一样对洋务感兴趣，就给曾国荃写了这个发展洋务的方案，结果呢，曾国荃不仅对洋务没兴趣，而且对洋人也没好感，李提摩太被冷落到了一边。不过，这个洋人的脸皮还真是厚实，尽管巡抚不待见他，他还是继续待在山西。

张之洞又打听这个洋人的人品如何，得到的回答却让他意外：这个洋人不错。这个洋人怎么会不错呢？原来，李提摩太是在前几年山西遭遇特大旱灾的时候来到山西的，他到山西后积极参与救灾，给当地的百姓办了一些好事。这还不止，更让张之洞意外的是，这个洋人居然在山西劝人们不要种植罂粟、吸食鸦片，而且他和那些贩卖鸦片的洋人几乎就是势不两立。洋人里也有好人？想到这里，张之洞摇着头笑了笑：哪里没有好人和坏人呢？洋人若真的都是禽兽一般，他们早就自相残杀了，又怎么能有机会打败中国呢？想明白了这个道理，张之洞感到自己之前对洋人的偏见确实有些可笑。这时，张之洞在心里盘算：这个洋人的方案是否可行暂且不论，至少可以见一见这个不是坏人的洋人。于是，他就派下属去找这个李提摩太。直到此时，张之洞才算是第一次真真正正地和洋人打交道了。

很快，李提摩太见到了张之洞。初次见面时，张之洞在心里琢磨：自己不懂洋话，眼下又找不到翻译，怎么跟这个洋人交流呢？谁知洋人见到张之洞后一开口居然是标准的官话：“拜见巡抚大人。”听这口音，比许多山西当地人说的官话还要标准。另外，这个洋人的装束也让张之洞很意外，他没有穿传教士的袍子，也没有带十字架，更没有穿洋装，而是穿了一身中国绅士的服装：一身长袍子，一顶小帽子，脑袋后居然还挂着一根辫子！这些让张之洞对这个洋人的好感又增加了几分。很快，他们的会谈就进入了正题，李提摩太也做了详细的自我介绍，他不仅会说流利的官话，还能写汉字，甚至还能听懂山西的方言。这个洋人居然能听懂山西方言，这一点连张之洞也自叹不如。

这次见李提摩太，张之洞最想弄明白的是这个洋人来中国到底是为了什么。李提摩太则不断向张之洞解释他传教的目的，就是要把上帝的旨意传遍世界。李提摩太告诉张之洞，他们的上帝告诉世人要谦卑慈爱，而中国的孔子也教导人们要仁爱守礼，这些东西在表述上虽然不同，但是，本质上都是劝人向善的，都是要求人们要做一个好人。李提摩太进一步解释道，看到山西贫穷落后，他的内心很是难过，所以他就结合英国富强的经验，提出了在山西发展洋务的方案，希望山西乃至中国能够借鉴他们的经验实现富强。李提摩太又告诉张之洞，西方国家侵略中国，这都是那些政客和商人策划的，很多教会人士并不赞同，教会只是希望更多的人信仰上帝，如果教会能够帮助中国人实现富强，那么必然会有很多中国人感谢上帝，进而就会信仰上帝。最后，李提摩太又反问张之洞："中国人可以信仰佛祖、玉帝，为什么就不能信仰上帝呢？"这一问，张之洞也答不上来，只好告诉李提摩太，百姓要信仰什么，不是他这个巡抚就能决定的，中国历史上有4个皇帝灭过佛，可是如今信佛的还是大有人在，连皇帝都不能阻止百姓的信仰，他这个巡抚更是无能为力。此时张之洞也在心里盘算：洋教进入中国已经有些年头了，可是依旧难以成势，至于佛教和道教，时间更长，也仍然抵不过儒家，儒家的地位不是他们这些宗教可以撼动的。洋人传教时只要不违法乱纪，又有何妨呢？他们有心帮助中国办洋务图富强，中国何乐而不为呢？就这样，两人越谈越投机，不觉间已经过去了半天时间。后来，有下属来汇报公务，张之洞才结束了谈话，并商定改日再谈。

第二次再见面时，张之洞和李提摩太的谈话重点就放在了如何富国上。李提摩太告诉张之洞，他们英国能够成为世界头号强国，依靠的是科学技术，也就是中国人说的洋务。那么科学技术的本质是什么呢？说来也简单，那就是对自然规律的巧妙运用。就说蒸汽机吧，这种机器力大无穷，把蒸汽机装在火车上，就可以拉动几十万斤甚至上百万斤的重物，如果是人或者马来拉，根本就是不可能完成的任务。如果把蒸汽机装到船上，船航行就不需要风帆了。蒸汽机的动力是哪里来的？其实是每个人都见过的、最普通的一种现象：水的沸腾。水烧开了会产生水蒸气，一壶水的水蒸气最多能把壶盖顶开，但是，如果换成一个巨大的水壶呢？那就能产生更大的力量。蒸汽机就是巧妙地利用了这个力量来运转的。

李提摩太还告诉张之洞，在英国，有很多人是专门研究这些机器的，他们不断提出新的想法改进这些机器，以便使机器更精巧、更充分地利用自然规律。他们英国人很尊重那些搞研究的人，就连国王也不会轻视他们。紧接着李提摩太话锋一转，说到了中国，他告诉张之洞，中国的聪明人不比他们英国少，只是中国人都喜欢读四书五经，而不愿意去研究如何制造机器，如果中国人专心研究机器，估计很快就能赶超他们英国。听到这里，张之洞心里有些不快：他自己就是读四书五经出来的，他读书是为了报国，如今怎么反而像是读四书五经误国呢？心里虽然不愿承认四书五经误国，可是，大清被洋人欺辱的现实却不容争辩，或许，中国是到了要另谋出路的时候了。

张之洞心里的变化李提摩太是察觉不到的，他继续向张之洞普及西方的科学知识，包括西方的天文地理、声光电化、医药卫生等，可谓是知无不言，言无不尽。此外，他还给张之洞做了不少小实验，比如磁石吸铁、氧气助燃等，通过这些实验，张之洞亲身感受到了科技的神奇。李提摩太还给张之洞介绍西方先进的钢铁工艺，并一再向张之洞强调钢铁对于现代国家的重要性。他告诉张之洞，钢铁是现代国家的基础工业，英国的钢铁除了生产农具外，更多的是用来制造机器、修筑铁路、制造轮船、制造枪炮，有了这些东西，英国才真正强大起来。

李提摩太给张之洞讲解的新知识为张之洞打开了一扇通向新世界的窗户，张之洞也正是在这个时候开始对洋务有了新的认识，后来他大办洋务，与这一时期受到的影响关系巨大。张之洞听完李提摩太的讲解后，感觉自己受了很大的启发，他觉得仅仅自己知道这些还远远不够，应该让更多的人能够学习和了解洋务。于是他就让李提摩太在太原城组织演讲，宣扬洋务。一时间，地处内陆的太原城竟然掀起了一股洋务热。

设立洋务局

1883 年，这一年张之洞 46 岁，他已经在山西担任巡抚一年有余，这时的山西经过他的一番整治，已经被理出了一些头绪，具备了做一番事业的基础。随着张之洞对洋务的了解越来越深入，他办洋务的决心也越来越坚定，为此，在1883年5月，他设立“洋务局”，打算在山西办洋务。

办洋务最需要两方面的支持，一个是资金，另一个是人才。就当时的山西而言，资金并不是问题。山西当地的普通百姓虽然生活得艰难，但是，在普通百姓之上，还有一批富可敌国的晋商，他们当中很多人开票号，从事金融行业，手里握着大笔大笔的资金。只要张之洞能够说服晋商参与办洋务，那么资金就不是问题。山西办洋务虽然有潜在的资金优势，但是在人才方面就非常困难了。山西没有懂洋务的人，更没有可以培养洋务人才的新式学堂，要办洋务，只能从别处搜罗人才。

对于这两方面的问题，张之洞心里都有盘算。他经过分析认为，要在山西办洋务，人才是第一要紧的问题。为此，他聘请李提摩太做他的洋务顾问，负责指导山西的洋务事业。仅仅有一个李提摩太是不够的，办洋务需要一批懂技术的人。为了能够招揽人才，张之洞以山西巡抚的名义向全国发布聘请洋务人才的告示。在张之洞的告示里，他希望全国各地的洋务人才前来山西，不管是熟悉洋务的哪一方面，或是钻研精通天文、算术、历算、地理，或是通晓各国语言文字，或是熟悉沿海险要之地，或是熟悉机器的操作运行，或是根据洋法能自己制造机器，或是研究船舰大炮，或是精通开矿的理论和技术，或是能阐述新旧条约的变迁，或是能剖析中外各国法律的异同等，都将受到欢迎，官府将根据其才能给予优厚薪金。这里充分昭示了张之洞渴求洋务人才的急切心情，也表明了张之洞的确要在山西大地上大干一番洋务事业。此外，张之洞还派人去天津、上海等洋务运动较早开始的地方，购买和洋务相关的书籍，在招揽人才的同时，也尝试自己培养人才。

因为是初次办洋务，所以，张之洞并没有一开始就上大项目，他计划先从小事情做起。在设立洋务局的同时，张之洞又设立了棉桑局，发展山西当地的纺织业。他的考虑是纺织业是中国自古就有的行业，懂纺织的人相对来说比较多，而且纺织业的技术要求也比较低，操作起来更容易实现。为了能够在山西培养出一批懂得机器纺织的人才，张之洞还从江苏等地招募技工，让这些技工在山西传授技艺。

钢铁是现代工业的基础，当时的山西并没有现代钢铁业，但是，山西的手工冶铁行业却有一定的规模，还能向省外销售。可是，随着西方列强的入侵，他们的铁也进入中国。西方出口到中国的铁都是工业化生产出来的，不论是成本还是质量都比中国的手工铁有优势。很快，山西的手工冶铁业就被击垮了。张之洞调查后意识到了问题的严重性，他计划要重新振兴山西的冶铁业。

山西冶铁业的衰落，既有主观因素也有客观因素，主观因素主要是山西冶铁技术的落后，而客观因素除了洋铁的冲击外，还有清政府的种种限制。在众多因素中，清政府的限制是最直观的因素。当时的政策规定，不能以海运的方式运输中国的铁，而海运的运费远低于陆运。山西虽然不临海，但是从山西到天津出海口的距离并不远，直线距离只有500公里，而用铁最多的地区都集中在洋务比较发达的东部沿海一带，尤其是上海周边。如果不能走海运，就只能走陆运，距离长达上千公里，运费就会飙升，如此一来中国产的铁就更没有优势了。如果能够允许中国铁走海运，运费则可以减半，铁的价格自然也能降下来。

为此，1884年1月，张之洞联合李鸿章，要求朝廷废除关于铁不准海运的规定，让北方的铁能够在天津装船出海。张之洞和李鸿章的关系并不那么和谐，这次两人选择合作，可见他们在发展洋务方面还是有一些共同看法的，至少他们意识到了清政府的一些政策阻碍了洋务的发展。张之洞急于解决铁的运输问题，这也恰恰表露了他想在山西发展钢铁工业的心思。张之洞曾向他的朋友表示，国家不能依靠进口的铁维持发展，想要富强，就必须自立，而山西有大规模产铁的基础，应该在山西发展钢铁工业，以供应洋务的需要。

张之洞关于在山西发展钢铁工业的想法很快被上报给朝廷，朝廷方面在讨论过张之洞的设想之后，认为可行，打算在山西炼铁，并计划将具体事务交给张之洞负责。张之洞得知此事后，心里很激动，表示这是他非常向往的一件事，他一定会全力执行。1884 年春，张之洞开始讨论开采铁矿一事，炼铁也被提上议程。

在解决了铁的海运问题、获得办铁厂的许可后，张之洞还面临着另外一个大麻烦：陆上交通。山西多山地丘陵，交通极为不便，如果不能解决陆上交通问题，即便炼出了铁也很难运到天津装船。这个问题张之洞当然清楚，所以，他为办洋务所做的另一项工作就是修路。张之洞经过勘查后认为，可以向北、向东开出两条路。向北的那条路在宋代以前就有，只是宋代以后逐渐被遗弃，张之洞就利用这条旧路的基础来修新路。他派人沿着旧路的痕迹，铲除杂草，拓宽路面，削平险阻，很快一条平坦大道就修成了。此外，张之洞还修通了从太原周边到石家庄周边的公路，这条路全长 380 多里，沿途穿越崇山峻岭，几乎是以开山填谷的气势来修建的。到 1884 年 4 月，这条修在深山里的路总算是竣工了。

张之洞在积极办洋务的同时，对军事也很关注。张之洞虽然是文官，没有曾国藩、李鸿章等人的从军经历，但是，他对军事的重视并不弱于曾国藩、李鸿章等人。张之洞心里很清楚，要想维护大清的统治，一支强大的军队是必不可少的，有了强大的军队，对外可以抵御列强的入侵，对内可以镇压百姓的起义。他在整顿山西吏治的时候，就有意整顿山西的军务。当时驻扎在山西的军队主要是绿营等旧式军队。1644 年满清入关，当时的主力部队是以满人为主的八旗兵，但是八旗兵数量有限，无法应对全国的局势，于是清廷就在顺治年间设立了以汉人士兵为主力的绿营。清朝取得全国的统治权之后，原本骁勇善战的八旗兵成了特权阶层，过上了纸醉金迷的生活，他们在追求物质享受的同时，也失去了战斗力，八旗兵开始变得不堪一击，绿营兵逐渐成为清军的主力。可是，绿营兵经过 200 多年到清朝末期时，因为腐败等原因，也逐渐失去战斗力，尤其是在镇压太平天国和抵御西方入侵时，绿营兵几乎是一触即溃。不得已，清廷只能让地方大员自己编练军队，曾国藩的湘军、李鸿章的淮军就是在这种背景下组建的。张之洞对山西的绿营兵的战斗力极为不满，他就想学曾国藩、李鸿章，在山西也编练一支新式军队。

1883 年，张之洞给朝廷上奏折，希望朝廷能够准许他在山西编练新军。可是，朝廷方面担心张之洞借着练新军的名义发展个人势力，没有答应张之洞。张之洞看到朝廷的回应之后，自然明白朝廷拒绝他的原因，于是他就再次给朝廷上奏折，这次他详细解释了自己办新军的目的。他告诉朝廷，山西的绿营兵已经腐败到了极点，估计全国范围内都没有比山西绿营更腐败的了，如果不在山西练新军，一旦山西有变故，绿营根本就不能用。如果朝廷允许他练新军，那么，新军除了用在山西外，还可以外调，全国其他地方凡是需要军队支援的，山西的新军都能去支援。朝廷方面看到张之洞的保证后，总算是对张之洞放心了一些，就答应了他的要求，准许张之洞练新军。

张之洞虽然想在山西大干一场，可是历史并没有给他更多的时间，因为在南方，一场大变故正在酝酿：法国人在越南蠢蠢欲动。

在唐朝以前，越南是中国领土的一部分，唐朝灭亡之后，在五代时期，越南地方脱离了中原王朝的控制，逐渐独立出去，由中国的一部分变为中国的属国。法国人对越南的侵扰始于第一次鸦片战争之后，清政府在第一次鸦片战争中的惨败让法国人看清了它的底细，于是，法国便开始了对越南的蚕食。到 19 世纪 80 年代初期，越南的大片领土已经被法国占领。清朝作为越南的宗主国，原本是有义务保护越南免遭侵犯的，可是，此时的大清国自身都是危机四伏，又哪里顾得上越南这个属国呢？

对于法国人在越南的行动，张之洞一直都在关注，他不断给朝廷上奏折希望朝廷能够重视越南的事务，提防法国人得寸进尺。然而，慈禧太后和李鸿章等人并不愿意和洋人开战，他们幻想着法国人占领越南之后就不再北进。然而，事实上法国人并不满足于占领越南，他们希望在中国狠狠捞上一笔。

当时的法国虽然也是西方强国之一，但是法国的处境很尴尬：在海上，英国拥有无可匹敌的实力，短期内，包括法国在内，没有任何国家能够撼动英国的海上霸权；在陆上，德国已经崛起，新兴的德意志帝国后来居上，力压法国，在 1870—1871 年的普法战争中，法国更是惨败，就连当时的法国皇帝拿破仑三世

（即路易·拿破仑·波拿巴，他是拿破仑·波拿巴也就是拿破仑一世的侄子）都成了普鲁士（普鲁士完成了德国的统一，建立起了所谓的德意志第二帝国）的阶下囚，最终法国不得不向德国割让两个省，并赔款50亿法郎。法国在欧洲可谓是损失惨重，新的法国政府急需在海外赢得一场胜利，以此弥补在欧洲的损失。当时的世界除实现了工业化的列强之外，只有中国是为数不多的独立国家，也是油水最为丰厚的国家。所以，法国侵略中国不可避免。

随着法国在越南的气焰越来越嚣张，中国国内的主战呼声也越来越高，尤其是张之洞，更是主战派中非常坚定的一位，而且他还提出了许多具体措施。面对朝野上下不断高涨的主战呼声，慈禧太后也不得不转变态度，开始备战。法国以越南为跳板入侵中国，而和越南接壤的中国领土主要是在广东和广西，所以，一旦和法国开战，两广就成了前线，两广总督就要担负起重大责任。那么让谁去担任两广总督呢？于是，主战又有见地的张之洞，就成了两广总督的候选人。而此时的张之洞则在山西遇到了麻烦：他在山西的改革触动了当地的既得利益集团，而这些既得利益集团又和清朝中央政府有着千丝万缕的联系。一时间，张之洞和这些既得利益集团产生了矛盾，双方僵持不下。这两大因素的共同作用，最终促使慈禧太后将张之洞从山西调往两广地区。张之洞被调往两广时，他在山西任职的时间还不到两年半。

张之洞虽然有在山西大办洋务的设想，但由于他在山西只待了两年多一点的时间，他的努力也只在以下几个方面取得成效。

一、编练军队。洋务运动的一个重要内容就是练兵。张之洞认为，这个时期的军队要达到“强劲”，就必须学习李鸿章等洋务派用洋枪洋炮武装军队。为此，张之洞上奏清廷，指出弓箭刀矛已不合时宜，要求各军官兵都必须掌握“火器”。接着，张之洞派人赴上海购买来福前膛枪、思费尔前膛枪、马枪、双响手枪、毛瑟后膛枪、云者士得后膛枪、哈乞开思后膛枪共8000余支，格林炮12尊，来装备山西新军。

二、创办山西机器局。在购买西洋军火装备山西新军的同时，张之洞又向清廷奏准，在太原创建了山西机器局。这个机器局主要仿制生产火药，月产1000余斤，产品主要供山西新军操练之用。该机器局虽然设备简陋，规模不大，采用封建衙门式的管理，但它招募工匠，内部已具有资本主义雇佣关系，采用大机器生产，具有近代工业生产的特征。可以认为，山西机器局是山西第一个近代工厂。

三、创办令德堂。为了培养封建统治人才，张之洞在太原创办了令德堂。令德堂虽然属于旧式书院性质，不能与京师同文馆、福建船政学堂等新式学堂相提并论，但张之洞创设令德堂的目的之一就是为了“变通”，为了开风气。张之洞为学堂所聘请的教师不少都懂西方近代科学，并且主张变通。令德堂也确实培养出了一些新式人才，他们懂得现代科学知识，对中西方文化都有所了解。为了使山西大开风气，张之洞两次下令山西书局派人南下购买与洋务相关的书籍，打算用这些书籍培养新式人才。

张之洞离开山西后，他的继任者少有热心洋务的，多数都是守成持旧，只希望自己任期内山西不要出问题就好，山西的洋务事业也就暂告一段落。

3

临危受命　总督两广

1883年12月，在越南北部的山西（此为越南山西，下同）地区，中越联军和法国侵略军之间爆发了一场激烈的战斗。当时，法军向中国军队驻守的山西地区发起进攻，中国军队被迫反击。最终，法军凭借优势火力占领了山西地区。法军占领山西之后，并没有止步不前，他们继续增兵备战，中法之战已经不可避免。1884年2月，法军扩大战争规模。而驻守越南的清军却是将帅昏庸怯懦，互不协调，军纪废弛，兵无斗志，到当年的4月，越南北部众多要地先后被法军占领。战事愈演愈烈，就在这年的5月，张之洞遵照朝廷的旨意，交割了山西巡抚的职务，来到京城，经慈禧太后任命，代理两广总督，并在6月抵达广州，开始履行两广总督的职责。

中法之战

张之洞抵达广州时，中法之战进一步升级。此时，法军已经不满足于在陆地上进攻中国，他们派出舰队，开始进攻中国沿海地区。1884 年 8 月初，法军企图入侵台湾，他们的军舰轰击基隆，并派兵强行登陆。不料，中国军队在督办台湾事务大臣刘铭传统率下顽强抵抗，使法军不得不退回海上待机再举。

法国人虽然没有在台湾占到便宜，但是这并不妨碍他们的下一步计划。法国舰队将进攻目标转向福建水师。法国人为什么会盯上福建水师呢？这当中自有一番道理。

当时的中国勉强可以算是有 4 支舰队，分别是北洋水师、南洋水师、福建水师和广东水师。实力最强的是李鸿章掌握的北洋水师。北洋水师所负责的海域主要集中在黄海北部和渤海，这里是距离京城最近的海域，1860 年，英法联军从渤海登陆并迅速占领北京城的惨痛教训，使得清政府将北方海防当作重点，将大把大把的银子拨给北洋水师，北洋水师也购置了大量先进的军舰。清廷方面不到万不得已，是不会动用北洋水师的。而李鸿章也把北洋水师当作自己的私产，不舍得拿出来打仗。所以，中法之战时，虽然南方海疆告急，却不见实力最强的北洋水师出兵。

南洋水师虽然被冠以“南洋”的称谓，但是他们并不负责南洋的防务，而是负责江浙地区的防务，只是因为南洋水师的负责人被称为南洋大臣，才有了“南洋水师”的称谓。南洋水师地处江浙富庶之地，在资金上相对宽裕，不仅能通过江南制造局自己造军舰，还向外购买军舰，到甲午战争时，南洋水师的实力仅次于北洋水师。然而，中法之战时，南洋水师还在发展当中，实力有限，舰船总吨位不过两万吨。两万吨是个什么概念呢？当时法国人参战的军舰中，吨位最大的一艘就有4000多吨。法国人5艘大型军舰的吨位就能超过中国一个舰队的总吨位，这就是双方实力的差距。所以，对于东南沿海的战事，南洋水师心有余而力不足。战争期间，南洋水师损失了3艘军舰。

福建水师也有不俗的实力，主要负责东南一带的海域。福建水师依附于福州船政局，不仅能够自建军舰，还能培养自己的海军人才，北洋水师的不少军官都是福州船政学堂培养的。福建水师最大的问题是经费不足，朝廷的海军军费就那么多，多数又给了北洋水师，福建水师只能“忍饥挨饿”。就是这样一支“忍饥挨饿”的舰队，却要守卫东南沿海漫长的海岸线。

广东水师是实力最弱小的一个，仅相当于今天的海岸警卫队，打击海上走私尚可，如果用于作战，根本就不堪一击。

法国人正是摸清了中国海军的情况，才做出偷袭福建水师的决定：只要歼灭福建水师，中国东南沿海基本就没有能够阻止法国舰队的水上力量了。

早在进攻台湾之前，法国人就已经在蓄谋攻击福建水师了。1884年7月，中法之间的冲突不断升级，而法国舰队就在这个时期以“游历”的名义，陆陆续续开进福建水师的驻地——马尾军港。马尾军港作为中国海军的军事基地，于情于理都不是外国舰队可以随意驶入的，况且，当时中法两国还在不断爆发军事冲突。面对不断涌入军港的法国军舰，负责福建军政事务的满清高层人员竟然无动于衷，他们不仅不制止法国舰队，反而热情地招待他们。一方面是双方陆军在越南殊死拼杀，另一方面是两国海军的“和睦相处”，这样的景象即便放在整个人类历史上，恐怕也不多见。面对法国舰队的步步紧逼，福建水师的基层官兵不少都警醒起来，许多人希望趁机攻击法国舰队。对于这样的提议，福建军政高层给出的回复是：不准先行开炮，违者虽胜亦斩。打胜了也要被斩，有这样的指挥官，福建水师还有存活的可能吗？

就这样，法国舰队在光天化日之下，浩浩荡荡地开进了福建水师的基地，并对军港内的中国海军形成了包围之势。法国舰队军舰总量有10艘之多，而福建水师总共也不过11艘军舰，没有数量优势，而且装备和吨位还落后于法军。这一仗，尚未开打，结局就已经注定。

8月23日上午10时，闽浙总督何璟接到法方送来的战书，声明4小时后向中国开战。令人匪夷所思的是，何璟竟然对福建水师官兵封锁消息！福建水师没有积极备战，更不准官兵主动向法军开火。直到中午12时过后，法国舰队要向中国开战的消息才被告知福建海防的负责人张佩纶，张佩纶闻讯大惊，赶紧找到懂法语的人去找法国人协商，他以时间仓促来不及准备为由，希望法国人能够推迟开战的时间。当中国代表乘船驶向法国军舰时，法国人却以为这是中国人要开战了，于是，立即下令向福建水师进攻。就这样，福建水师的军舰尚未来得及起锚，法国人的炮弹就已经落了下来。

面对突发的战况，福建水师的主要指挥官一个个吓得惊慌失措，张佩纶吓得晕倒，最后还是被下属拖着逃离了战场，其他指挥官也无心应战，逃之夭夭。虽然福建水师所处的情况极为艰难，但是，基层官兵依然奋起还击，并且击中了法国军舰。然而，双方实力过于悬殊，水面战斗仅仅进行了半个小时，就以福建水师的全军覆没而告终。

此战，福建水师军舰11艘、运输船19艘，全被法舰击沉、击毁，官兵阵亡521人，受伤150人，下落不明者51人。法军仅死6人，受伤27人，有两艘鱼雷艇受重伤，其余军舰均为轻伤。消灭福建水师之后，法国军舰又用舰炮，对岸上的福州造船厂进行了猛烈轰击，整个造船厂化成一片瓦砾。法国的海军陆战队也趁机上岸，将清军重金购置的克虏伯大炮（该种大炮为德国制造，是当时大炮中的顶级产品）抢去。

马尾惨败之后，清政府不再对法国抱有幻想，1884年8月底，清廷颁发上谕，一方面谴责法国的入侵，另一方面要求全国动员，应对法国的侵略，自此，清廷终于对法国宣战。就在清廷向法国宣战前的几天，张之洞由代理两广总督成为正式的两广总督。

到清廷向法国宣战时，张之洞已经就职两广总督两月有余，身处抗法战争的前沿，张之洞在此次战争中担负着什么样的任务呢？总体说来有三：第一是负责两广的防务，第二是协调前线的人事安排，第三是筹集粮饷。

张之洞身为两广总督，守好两广的国门是他的分内事，做好了是应该的，做不好那就是有罪。所以，到两广之后，张之洞立即就着手加强两广的防务工作。他先是进行调查，了解各处防务的虚实，然后再根据调查结果来安排防务工作。在做好基础防务工作的同时，对于重点地区，张之洞一面购置洋枪洋炮进行部署，一面组织民团（即民兵）加紧操练，准许他们抓住有力战机，主动出击。

说到协调人事安排，实施起来这要比主持两广防务更加复杂。到两广负责军务的人员，基本都是满清的当权人物，个个都不敢轻视。其实，这不是重点，重点是这些人之间并不和谐。清朝末期，尤其是镇压太平天国以后，清朝的军队出现分化，出现了不同派系的军队，这些派系明争暗斗，都想压过对方。朝廷方面也利用不同派系的争斗使他们相互牵制，维持朝廷对他们的控制。中法战争爆发后，朝廷向前线调兵遣将。按理说，在这种紧要时刻，全国上下应该一心抗敌，可是，在这个过程中，不论是朝廷还是各派军阀，在抗击法国的同时，都不忘给自己一方牟利。朝廷有意选调来自不同派系的将领到前线主持军务，而且这些将领之间本来就有冲突。这样一批人到了前线会是什么情况？毫无疑问，他们自然是互不相让，如此下去，必然要延误军机。

对于这种情况，张之洞作为地方主官，进行了积极协调。首先，张之洞将那些关系紧张的将领分派到不同的区域，尽量减少他们之间的接触，进而减少他们的冲突，使他们能够一心御敌。再者，张之洞主动出来当“好人”，他给朝廷上奏折，言辞之间经常对前线的将领予以夸赞。不论是何派系，凡是有功的，张之洞一定及时上报，若是有过，张之洞也为之辩解。如此一来，各派将领也能相安无事，他们对张之洞也很是感激，自然愿意配合张之洞的安排。为了表示对各派将领的尊重，张之洞对各派都一视同仁，不偏不倚，重大事件都向他们通报，以此显示他们的重要性。就这样，在张之洞的协调下，两广前线的人员之间关系融洽，上下一心，同仇敌忾。

张之洞在中法战争中最值得称赞的是他筹集粮饷一事。兵马未动，粮草先行，这是战争中不变的真理。张之洞作为两广总督，最为重要的一项职责就是筹集粮饷。当时两广又遭遇战事，筹集粮饷的事就显得更加重要了。

清末的广东虽然是中国最早开放的地区之一，但是，当时的广东在经济上并没有太多的优势。张之洞到达广州后，立即就意识到财政上的困难，他的前任仅仅给他留下了50万两银子，这笔钱最多能够应付两广军队3个月的开销。中法之战不断升级，绝不是3个月内就能解决的，张之洞不得不考虑去哪儿找钱的问题。

思来想去，张之洞只有一条路可走：借钱。打仗是国家大事，应该由国库拨款才是，可是，当时的大清国国库空虚，全国上下又处处要用银子，而仅有的那么一点银子，不仅要给洋人赔款，还得建北洋水师，当然，也不能耽误给慈禧太后修园子。国库没钱，直接向百姓征税又来不及，所以只能借钱。借钱的对象当然是外国银行。对于向洋人借钱，张之洞并不排斥，他的逻辑是，与其打了败仗后借钱向洋人赔款，还不如把钱借来先打一仗。于是张之洞便积极走动，向各方借款。

向洋人借款好借吗？就当时的情况而言，问题似乎不大。当时，实力最雄厚的资本主义国家除了法国，还有英国、德国和美国。英国是老牌强国，他们最先进入中国，并且有独占中国的企图，而且英法之间也不是铁板一块，英国人倒是乐意看中法打得不可开交；德国和美国都是新崛起的强国，德国在欧洲和法国有矛盾，如果法国和中国大打出手，自然是对德国有利；美国正在埋头搞发展，只要有利可图，他们并不在乎把钱借给谁。所以，张之洞的借钱计划实施起来还是很顺利的。他在两广总督任期内，先后为广东海防建设借来了200万两银子，同时，还为各处的军队借来了500万两的军费。无疑，这些钱对于增强军力、抗击外敌，起到了不小的作用。

在军费的分配方面，张之洞可以说是一心为公、毫无私心。

福建水师惨败于法军时，张之洞虽然不负责福建事务，但是他依然从广东派出军队，并携带大量军火去支援福建。当时负责福建事务的张佩纶对张之洞的举动很是感激，他对张之洞大加赞赏，还说，如果各省大员都能像张之洞这样一心为公，又何须畏惧法国呢？张佩纶这么说，其实是话中有话：原来，早在福建水师遭遇惨败之前，福建方面就想请北洋大臣李鸿章支援福建，可是，李鸿章竟然说北洋水师的船太小，打不过法国人，去了也是送死，最终以这样的借口拒绝了福建方面的求助。李鸿章这番话当真是令人气恼，北洋水师是大清国第一水师，如果连北洋水师都自认为不是法国舰队的对手，那么实力不如北洋水师的福建水师岂不是死路一条？明知道友军是死路一条却见死不救，这与要人性命有何区别？是有不少中国人怕死，但是还有更多的中国人不怕死。知难而退，那是懦弱；明知山有虎，偏向虎山行，置生死于度外，放手一搏，这才是中国人的骨气。北洋大臣李鸿章或许有更多的考虑，可是，有再多的考虑也不能丢了中国人的骨气。和张之洞的表现相比，李鸿章在中法之战中的作为，确实不能令人满意。

法国舰队在消灭福建水师后，在东南沿海已经没有中国舰队可以阻止他们肆意妄为了。1884 年 9 月，法国人再次进攻台湾，他们的军舰将台湾封锁起来，所有未经法国许可而进出台湾的船只，一经发现立即击沉。法国人想通过切断台湾和大陆的联系，使台湾守军失去补给进而丧失战斗力，法国人便可拿下台湾。一时间，台湾告急。台湾方面的负责人刘铭传向李鸿章求救，希望北洋水师能够援助台湾。李鸿章依旧是那老一套：北洋水师船小，打不过法国人，去了也是白去。就这样，李鸿章守着他的北洋水师，在北方对危在旦夕的台湾见死不救。张之洞时刻关注中法战局，台湾的情况他当然清楚。当时，台湾隶属福建，张之洞是两广总督，他是没有责任照顾台湾的。但是，张之洞没有作壁上观，他见到台湾告急后，立即主动联系刘铭传，希望能够突破法国舰队的封锁，给台湾守军送去军火粮饷。张之洞还告诉刘铭传，如果刘铭传对保卫台湾有什么好的建议，张之洞愿意向朝廷转达。最终，张之洞和台湾守军密切配合，成功地将30万两银子送到了台湾，有力地支援了刘铭传的抗战。由于法国舰队的封锁太过严密，中国方面又没有足够的舰队，张之洞向台湾运送军火的计划没能成功。

在法国舰队在沿海对中国展开进攻的同时，法国从越南北上的地面部队也没有止步不前，他们继续向中国军队发起进攻。因为云南也和越南接壤，所以，云南也是抗法前线。对于云南的抗法军队，张之洞也不分地域，从广东的经费里拿出一部分支援他们。

当时抗击法国的军队中，除了清政府的正规部队之外，还有一支非政府的中国军队——黑旗军。黑旗军原本是一支反清政府的起义部队，太平天国起义后，刘永福将众多难以维持生计的普通百姓组织起来，武装反抗清朝的统治。因为他们用的军旗是七星黑旗，所以被称为黑旗军。黑旗军和太平天国一起向清王朝开战。随着清军的反扑，国内各地的起义部队相继失败，刘永福领导的黑旗军也困难重重。为了找到一条活路，刘永福经过研究之后，带领起义部队进入越南北部。越南是中国的属国，对于进入越南的中国军队，越南官方自然不敢得罪，所以，黑旗军得以在越南立足。然而，随着法国不断侵蚀越南北部，黑旗军和法国军队的冲突也就多了起来。当中法之间的战争扩大后，黑旗军也就成了抗击法国的一支重要武装。黑旗军虽然抗击法国，但是他们毕竟是反清政府的，所以，朝廷方面并不认可黑旗军。

对于黑旗军，张之洞的态度和朝廷不一样。他认为，在当时的情况下，朝廷应该承认黑旗军的合法地位，并授予刘永福官职。为此，他不断给朝廷上奏折，希望朝廷能够重用刘永福。他还主动给刘永福提供军费，以支持黑旗军的战斗。当清政府向法国宣战后，张之洞的建议终于被采纳，刘永福被授予官衔，黑旗军也获得了清政府的认可。张之洞则加大了对黑旗军支持的力度，先后拨给黑旗军 15.5 万两银子，另外还有很多的军火。

张之洞支持黑旗军，这件事乍看之下是有问题的。为什么呢？因为张之洞是很痛恨农民起义军的。张之洞还在贵州的时候，就经历过农民起义战争，甚至连他的几位亲属也死于农民起义，他自己也和起义军交战过；后来他参与镇压捻军，也出了不少力气。在张之洞看来，农民起义就是造反，是大逆不道。黑旗军也是起义军，按照张之洞对农民起义军一贯的态度，他自然不会喜欢黑旗军。可是，实际情况却不然，张之洞不仅没有为难黑旗军，还积极支持他们。张之洞此举，并不是因为他对起义军的态度改变了，而是因为他分得清轻重缓急。中法开战，这是民族矛盾，而起义军是阶级矛盾，如果亡国灭种，即便镇压了起义军，又有何意义呢？所以，张之洞放弃了他对起义军的成见，义无反顾地支持所有抗法的队伍。当然，张之洞的放弃是暂时的，后来他依旧坚持镇压起义。

张之洞面对国家的危难，不分本省外省，不分阶级差别，凡是为国御敌的一概支援。他一心为国的一片忠心可见一斑。

当然，张之洞在中法战争中的功绩还不止于此，中法战争中著名的“镇南关大捷”就和张之洞有重大关系。

在1885年3月的镇南关一役中，清军在年近七旬的老将军冯子材的率领下，击败法军，扭转战局。这一场胜利，不仅制止了法国的入侵，还使得法国当时的总理茹费理被迫辞职。这一仗也是中国近代反侵略战争史上战果显赫的战役之一，在中国战争史上占有重要地位。此战冯子材功勋卓著，而启用冯子材的，正是张之洞。在张之洞启用冯子材之前，冯子材因为和上司有矛盾不被重用。张之洞到两广之后，认为冯子材是可用之人，他一方面给朝廷上书，建议启用冯子材，另一方面派人去请冯子材出山。对于启用冯子材，李鸿章认为冯子材年纪太大，难当重任。张之洞则不同意，并列举出冯子材的众多优点，使得李鸿章无法反驳。最终，在千钧一发之际，冯子材被启用，并及时赶赴前线。他的到来，不仅制止了清军的溃败，还一举击败法军，取得了战争的胜利。可以说，如果没有张之洞慧眼识人，也就不会有镇南关之战的胜利，这场胜利，张之洞功不可没。

镇南关大胜之后，清军本应该一鼓作气将法国人赶出越南，但是，清政府却有了别的打算。李鸿章站了出来，他建议清政府趁着这场胜利赶紧和法国人议和，这样的话法国人就不敢狮子大开口，乱要价了。原本看热闹的其他各国见法国吃了亏，也赶紧出来“劝和”，他们并不是心疼法国，而是担心中国趁此机会强大起来，把列强都赶走，他们的用心可真是“长远”。就这样，在“内外夹击”下，慈禧太后做出了同法国议和的决定。

张之洞得知要议和的消息后，心里是万万不同意的。他不断给朝廷上书，希望能够继续向法军进攻，以便取得更大的战果。但是，慈禧太后抱定了议和的决心，任凭张之洞等人如何劝说，都无动于衷。为了防止有人擅自行动，朝廷还下令如有人敢轻举妄动，一定严惩。就这样，胜利之师反而主动撤军了，打了败仗的法军反倒向前推进了。

1885 年 5 月，清政府任命李鸿章为谈判代表，与法国政府代表在天津开始谈判中法正式条约。6 月，双方正式签约，即《中法会订越南条约》。条约规定：清政府承认法国对越南的保护权，承认法国与越南订立的条约；中越陆路交界开放贸易，中国边界内开辟两个通商口岸，并将法国货物的税率调至最低；日后中国修筑铁路，要找法国人合作；此约签字后 6 个月内，中法两国派员到中越边界重新勘定边界；法军退出台湾、澎湖。这一条约里，中国确实没有割地赔款，但是，中国却失去了属国越南，还将大量商业特权送给了法国，这依然是一个丧权辱国的不平等条约。战后，为抗法做出贡献的黑旗军，则被清政府解散。

中法战争中，张之洞虽然有不少值得称赞的表现，但是，他也犯过重大错误。当时，中法战争越打越激烈，前线急需用人，为朝廷举荐人才也是张之洞的责任之一，所以，他就根据自己的观察，给朝廷举荐人才。他举荐的人才中，虽然有冯子材这样有作为的将领，但是也有极个别的贪生怕死之徒。这样的人并无胆识和谋略，但是在平日里却时常自我吹嘘，似乎有用不完的才能，一时间倒也有了一些名气；可是当遇到真正的挑战时，这种人的本质就暴露出来了。张之洞就曾经和他人一起为朝廷举荐过一个叫徐延旭的将领，而这个徐延旭在战前先后 6 次上疏请战。结果，当朝廷对徐延旭委以重任以后，面对法军的进攻，徐延旭备战不力，指挥调度无能，清军不战而溃，他所驻防的战略要地被法军攻占，给整个战局带来极其严重的影响。因为这件事，朝廷下旨，将张之洞降一级，留原职。不过，因为张之洞在筹备粮饷方面做得很好，所以，朝廷后来又给他升了一级。这件事再一次验证了“人无完人”这句老话，张之洞固然有才干，但是他并不完美，他也会犯错误，而且还是很严重的错误。当然，瑕不掩瑜，他的功绩还是远大于他的错误的。

理政务

中法战争结束后，张之洞终于可以喘口气了，从他赴任两广总督到中法签约，整整一年时间，这一年间张之洞的神经始终绷得紧紧的，一刻也不敢放松。如今，仗打完了，总算是可以在两广做些事了。

张之洞从 1884 年 6 月到 1889 年 8 月间一直担任两广总督，这 5 年当中，一直让张之洞头疼的就是钱。他临危受命来到两广，上任时前任只给他留下了 50 万两银子，为了应对战事，他四处借款，总额有 900 万两。这笔钱原本计划各省分摊，结果，战后朝廷却让两广单独负责。战争结束之后，他想在广东继续他在山西时产生的想法——办洋务，这也要花大笔的银子。他在山西办洋务，并没有进入实施阶段，所以，还没有真正受到过资金匮乏的困扰，当他开始在广东办洋务以后，终于体会到了缺钱的痛苦。为了筹钱，张之洞用尽了办法。

张之洞筹钱的方法之一是找当地的官绅和商人捐款。他把当地有头有脸又有经济基础的上层人物集中到一起，和他们商量捐款的事。这些人一听是要他们出钱，一个个便百般推脱，拿出各种借口，总结起来就是两个字：没钱。这些人有借口，张之洞则有耐心，他不惜口舌，费力劝导，希望这些人能够出钱。说是劝他们出钱，其实张之洞是“威逼利诱”，他见劝说无用，就把这些人请进总督衙门，四周围着一圈满脸凶气的兵丁，这情形意味着什么，恐怕没人不清楚，事情已经到了这个份上，如果不随了总督大人的心意，这些人日后还怎么在两广继续发展？所以，这些人只得咬牙出钱了。

仅靠这些人捐钱还是远远不够的，张之洞还从两广的地方税款上下手。他将辖区内的税收情况进行了一次摸底调查，找出其中钱款较多的，并进行了整治。结果发现，那些偷逃的税款竟然比正常上缴的还要多。经过这样一番整顿，当地税款的收入明显增加。

张之洞为了筹钱甚至到了不择手段的地步——开赌，而且他赌的不是小事，而是科举考试。两广地区原本就有一种叫作“闱姓”的赌博活动，始于道光末年，具体赌法是在乡试、会试或岁科试开始前，参赌人员先下赌资，猜哪些参考的考生会考中，等发榜以后，猜中得越多就赢得越多。起初赌资并不多，只能算是一般的娱乐。可是，后来愈演愈烈，甚至成为一个产业，参赌资金动辄上百万。在利益的诱惑下，难免会有人铤而走险，试图操作科举考试，这就引起了官方的注意。于是，在咸丰年间，当时的广东巡抚叫停了这种赌博活动。然而，人为财死，鸟为食亡，涉赌人员便离开广东，转战澳门。在当时，澳门是葡萄牙的殖民地，中国的科举考试与他们无关，而且葡萄牙殖民当局还能借机收税，于是，澳门便成了赌博圣地。

这种赌博的害处张之洞心里自然清楚，不过他也有自己的道理。张之洞认为，参赌人员集中在澳门，而中国方面管不了澳门，自然也就无法禁止赌博，与其让他们在澳门赌，还不如在广东开赌，至少可以筹集资金。另外，他也有信心维护科举的公正，避免参赌人员控制科举。如果此事可行，对于捉襟见肘的广东财政而言，无疑是极大的补充。

当张之洞提出重开“闱姓”之后，许多人开始借机攻击张之洞，说他败坏风气、不务正业等等。朝廷方面对于张之洞的提议也有自己的考虑：朝廷用钱也是极度紧张，国库里拿不出钱，张之洞既然有筹钱的办法，未尝不可一试。最终，张之洞的提议获得批准。在张之洞的任期内，他先后通过“闱姓”获得了上百万两银子的资金，这些钱都被用到了广东的建设上。

虽然张之洞手上的钱越来越多，但是他并没有把这些钱用到个人享受上。在两广任期内，他始终重视廉政建设，甚至还亲自在衙门后院里种菜，以便节省开销。当张之洞离开两广时，他给继任者留下了250多万两银子。

张之洞不仅能理财，也善于处理地方治安问题。两广地区多山地又沿海，朝廷的重心又在北方，因而当地海盗陆匪层出不穷。张之洞在两广任期内，加大了对匪患的治理力度。张之洞打击匪患的手段非常严厉，就连冯子材都被他派去剿匪，而凡是被抓到的匪徒，一经查证犯过重大罪行，直接就地正法，一时间，张之洞成了两广地区众多匪徒的噩梦。张之洞所剿的匪中，不仅有害人性命、夺人钱财的强盗，还有不少反抗满清统治的人民起义。不过，不管是什么性质，在张之洞看来，只要不听朝廷号令，那就该一律剿除。这一点再一次体现了张之洞对于朝廷的忠诚。

对于匪患，张之洞并没有简单地抓人杀人，他在剿匪的同时，还注意思考匪患产生的根本原因。官逼民反，这句话不是没有道理。在清朝末年，苛捐杂税繁重，百姓往往无法维持生计，只能铤而走险，张之洞就意识到了这一点。所以，张之洞一边剿匪，一边废除一些杂税，还兴办教育，希望能够教化当地民众。正是通过标本兼治，张之洞在维护地方治安方面，取得了不小的成就。

海南岛是我国第二大岛，清代隶属广东。张之洞在广东任期内，也对海南岛进行了开发。黎族是海南岛的土著民族，清政府的民族压迫和民族歧视，导致黎族百姓和清政府关系紧张。张之洞到任后，一方面武力镇压黎族人民的反抗，另一方面调整民族政策，安抚黎族百姓，以期实现当地的稳定。同时，张之洞还努力发展海南岛的经济，在政策、税收方面给予支持，促进了当地经济的发展。张之洞还在海南岛兴办学校，发展教育，甚至还在科举考试时为海南的学子留出专门的名额，以鼓励他们进学。

广东是出国华侨最多的省份，尤其是中国被迫向西方开放以后，华人出国就更普遍了。然而，因为清政府的腐朽软弱，出国华侨的利益很难得到保障，他们在国外往往从事着最辛苦的劳动，拿着最少的报酬。1882 年，美国国会通过《排华法案》。而在此之前，华人为美国的发展做出过重大贡献。1865 年到 1869 年 4 年间，有 14000 多名华工参与修建连接美国东西海岸的太平洋铁路，而在西段全长近 1100 公里的太平洋铁路上，有 95% 的工作是在华工加入筑路大军的 4 年中完成的。《排华法案》将驱逐华人合法化，许多为美国的发展做出过贡献的华人成了美国人攻击的对象。张之洞得知此事后，当即向朝廷提出，希望中国的外交部门能够和美国交涉，保护华人利益。另外，他还告知美国在华代表，广东境内也有美国人，如果美国当局继续迫害在美华人，那么，广东方面将采取类似的手段对待在广东的美国人。然而，毕竟在广东的美国人数量太少，张之洞的威胁毫无用处，清政府害怕得罪美国，也不支持张之洞的做法。直到1943年，因为第二次世界大战的缘故，美国才废除了《排华法案》。而在2012年6月，美国众议院全票表决通过，美国正式以立法形式就1882年通过的《排华法案》道歉，美国华人历史揭开新篇章。美国华人取得这些成果，无疑与中国国际地位的提升有重大关系，而在贫弱的清末，任凭张之洞有何等非凡的才华，他也无法做到这样的事。

在两广总督的任上，张之洞除了处理日常政务外，他的工作重心是办洋务。

练新军

张之洞在山西巡抚任上时，就已经有了办洋务的想法，只是还没有来得及实施就被调到了两广，而刚到两广时，又要全力应对中法战争，直到一年后战争结束，他才有精力实行继续办洋务的想法。张之洞考虑到两广地处边陲、把守国境的实际情况，他认为在两广的洋务活动首先应从编练新式军队开始。

1885年7月，也就是中法战争结束后的第一个月，张之洞便开始在广东筹建新式军队。他计划在广东建成一支新式陆军和一支新式海军。按照张之洞的设想，他编练的新式军队要全部使用西洋武器，并按照西方军事强国的训练方法进行训练。为了编练两广的新式军队，张之洞特意把他在山西编练新军时的下属李先义抽调到广东，让他继续编练新军。李先义熟悉西洋武器，又有在山西编练新军的经验，办事也踏实，这令张之洞很满意很放心，后来张之洞在其他地方编练新军时，李先义都是他的得力助手。张之洞计划中的新式陆军有2500人，被命名为“广胜军”，张之洞希望它能成为广东的一支百战百胜的军队。

考虑到当时欧洲大陆战斗力最强的是德国陆军，所以，张之洞便有意按照德国陆军的标准来发展自己的陆军。在装备上，张之洞不惜重金，从德国的克虏伯工厂购买优质的大炮和枪支，此举使得中国军队在装备上开始向欧洲强国看齐。在训练上，张之洞请来德国军官作为教练，依照德国军队的训练标准训练，训练科目有卧姿射击、使用火炮、修建掩体营地、埋设地雷、修筑炮台、行军作战队列、铺设电报电线、野外行军、夜间战斗、阵地防御等等。为了确保按计划训练，张之洞几乎每个月都要去检阅这支新式军队。他希望通过训练这支军队来积累发展新式军队的经验，以便能够大规模地发展新式军队。就这一点而言，张之洞是成功的，他日后编练新式军队时，很多重要人员都是从“广胜军”走出来的。

广东临海，而列强往往从海上入侵中国，所以，张之洞也很重视海军的建设。在张之洞到任广东之前，广东已经有了一支水上力量，但是实力非常弱小，只能从事一些内河上的缉私活动，对于海战则是无能为力。张之洞鉴于中法战争的教训，有意大力发展广东的水上力量，希望能够把广东的水上力量发展成为可以和北洋水师、南洋水师、福建水师并驾齐驱的大型舰队。在1885年10月，张之洞给朝廷上奏折，说明自己想要扩建广东水师的意图，希望朝廷能够在经费上予以支持。但是，当时朝廷海防建设的重点是北方，海军的军费主要是用于发展北洋水师，所以，张之洞的提议并没有得到朝廷的支持，张之洞也只能依靠两广地方上的财力来发展海军。在张之洞的计划中，他要用5年的时间将广东水师建成一支具备对敌作战能力的海军。

张之洞要扩建广东水师，可谓是任务艰巨。当时的广东水师装备的舰船非常差，都是一些小炮艇，船的吨位也很小，只有二三十吨，造船的材质也是一些普通的钢铁薄片，根本就没有可以防御炮火袭击的装甲，基本上是中弹就沉，甚至用了几年之后，水本身的腐蚀就能让船体坏掉，这样小的船自然也无法开到海上，很可能一个大一点的海浪就能把它们掀翻，因而这些船只能在内河里活动。

虽然广东水师的基础极差，但是张之洞并不气馁。镇南关之战刚结束，张之洞就拿出“闱姓”收益中的20万两银子，用于修复、扩建黄浦船坞。黄浦船坞原本是英国人设立的。英国人来到中国后发现，中国的造船业很落后，无法修理他们的大型船只，于是就有英国人看到了商机，他们出资建造船坞，用于修整他们的船只，黄浦船坞就是在这种情况下出现的。后来经过不断发展，黄浦船坞成为一个具有相当规模的大型船坞。张之洞的前任把它从英国人手中买下，用于发展广东的造船业。张之洞接手后，更是加大了对黄浦船坞的投入，使这个船坞具备了一定的造船能力，张之洞便让他们自行建造一批军用船只。

到1886年，他们建成了4艘新船，并分别将其命名为“广元”、“广亨”、“广利”、“广贞”，这些船依然是小船，无法完成海上任务。所以，张之洞便开始建造能够出海的铁甲舰。由于技术的原因，广东当地的造船厂很难建造大型军舰，因而张之洞选择先建小型军舰。经过两年的努力，最后造出了“广已”、“广玉”、“广金”三艘铁甲舰。这些船的质量和之前的船相比有了明显的提升，在吨位上达到了700吨左右，还配备有8门火炮，如此一来，这几艘船不仅能在海上航行，还能用于海战中。这种小型铁甲军舰依然不是张之洞所希望的最终成果，他还想要更大的船。但是，广东当地的造船技术已经无能为力了，因而张之洞选择由福州船政局来建造更大吨位的舰船。

福州船政局是较早建立起来的洋务企业，早在 1868 年 1 月，他们就开工造了第一艘轮船，并在次年 6 月下水，吨位达到 1370 吨。据说当时欧美人士凡是来中国考察的，一般都会绕道去福建参观福州船政局。在马尾海战之前，福州船政局已经能够制造吨位在 2000 吨以上的大型军舰，在航速上也接近欧洲的先进军舰。虽然在中法战争中福州船政局遭到法军的严重破坏，但是，在战后中国方面又对福州船政局进行了一定的恢复，福州船政局得以继续发展。张之洞给福州船政局下的造船订单是让他们造 1000 吨以上的军舰，这样的造船任务对于福州船政局来说问题并不大。最终福州船政局为广东水师添造了“广甲”、“广乙”、“广丙”3 艘千吨以上的军舰，由此，广东水师的战力大为提升。

到张之洞离开两广时，广东水师虽然远远没有达到张之洞想要的规模，但是相比于他到任时，已经有了很大的改观，整个广东水师拥有军舰 20 余艘，小型战舰 10 余艘，鱼雷艇若干，这样的配备已经可以有效防御广东的内海和近海了。然而，张之洞离开两广之后，他的继任者无心发展洋务，黄浦的造船厂也被裁撤，广东水师的发展基本停滞不前。甲午中日战争时，广东水师的 3 艘千吨级军舰参战，“广甲”、“广乙”两舰被击沉，“广丙”战后被编入日本海军，后来因为遭遇风暴在澎湖沉没，而这 3 艘军舰也是广东水师拥有过的最大吨位的军舰。其中的“广乙”舰是甲午战争中损失的第一艘中国战舰。在 1894 年 7 月 25 日上午发生的丰岛海战中，“广乙”舰遭日本联合舰队的第一游击队重创，在朝鲜十八岛附近搁浅，为了免遭俘虏，该舰燃火自焚自毁。这3艘军舰的损失，也宣告了张之洞建设的广东水师遭到重大失败。

设学堂

张之洞在两广办洋务，除了经费的问题之外，人才也是非常关键的一个因素。张之洞要用人，在洋务规模不大的时候尚可通过招募获得一些懂洋务的人，但是，张之洞是要大办洋务的，如果只是四处招募的话，在数量和质量上都难以得到保障，所以，办学堂成为张之洞的最佳选择。

到张之洞想要办洋务时，中国的洋务运动已经进行了20年，而与洋务相关的学堂也早就建立了一大批。最早设立的与洋务相关的学堂主要是翻译类的学校。当时，随着西方的入侵，清政府与西方打交道的机会越来越多，由此也就需要越来越多的懂外语的人。出于这样的需要，早在19世纪60年代早期，清政府就设立了京师同文馆，组织人员学习外语，翻译西方书籍。后来，随着洋务运动的规模不断扩大，对技术人才的需求也就越来越大。虽然办洋务的大员们都或多或少地聘用洋人技师，但是，这些洋人技师在技术上参差不齐，其中还有不少人的目的就是为了骗钱，这使得洋务派的领导者意识到培养自己的人才是非常必要的。

可是，在当时的中国，想要培养自己的人才又谈何容易呢？中国人懂洋务的很少，既然自己不懂，又怎么能培养出懂洋务的人才？所以，当时培养洋务人才唯一的途径还是找洋人——把中国的孩子送到西方国家，利用西方国家的教育系统来培养中国的洋务人才。就这样，中国出现了一批批留洋的幼童，这些年幼的孩子肩负着振兴祖国的重任远赴异邦求学。

他们出国后，首先要做的是学习当地语言，因此，大多数学生住在当地居民家中，以便加快过语言关。他们一般是先进小学，再进中学，而后入大学，循序渐进。例如，詹天佑就是先进入西海文小学，再进入纽海文中学，而后考入耶鲁大学的雪费尔学院专攻铁路专业的。

随着中国人对洋务的了解越来越多，洋务派也开始在国内办洋务学堂，自己培养洋务人才。如左宗棠、沈葆桢在福州设立的福建船政学堂，这是中国第一所近代海军学校，培养出了中国的第一批近代海军军官和第一批工程技术人才，由船政毕业的学生成为中国近代海军和近代工业的骨干中坚。李鸿章则在上海开设机器学堂，培养机器制造人才。

洋务运动的一大重心是强军，所以，创办新式军事学堂也非常必要。1880年，李鸿章在天津建立的天津水师学堂，堪称中国最早的军事专科学校，北洋军系就脱胎于这所学校的毕业生。

到张之洞要在广东办新式学堂的时候，他已经有了许多可以借鉴的例子，所以，他创办的学堂要更有针对性，体系也更加完善。

针对广东临海且海军力量薄弱这一情况，张之洞创办了鱼雷学堂。对于当时的广东水师而言，鱼雷是必须的海战武器。世界上第一枚鱼雷出现在19世纪60年代，由英国人发明。鱼雷的威力仅次于舰炮，但是和舰炮不同的是，鱼雷对发射平台的要求很低，一般的小艇就可以携带发射器进行发射。而舰炮不同，它在发射时会产生非常大的后坐力，而且自身重量也很大，需要大吨位的舰艇才能承载，一艘小艇根本就不可能装备大口径舰炮。当时的广东水师没有大吨位舰艇的制造能力，因而便选择了发展鱼雷。

张之洞先是在黄埔设水鱼雷局，他向德国购买水雷、鱼雷艇。后来他又在水鱼雷局设立了专门的鱼雷学堂，并且聘用德国人作为学堂的教员，负责指导学生学习鱼雷艇的驾驶和鱼雷的使用。经过数年的努力，培养了一批能够使用鱼雷的人员。

中国疆域辽阔，古代传递信息的主要方式是通过专门的人员乘骑马匹传递，效率很低。尤其是在清朝后期，国家多事，边关一旦告急，往往因为信息传递速度慢而延误战机。这一点张之洞担任封疆大吏之后深有体会：他需要不断给朝廷汇报他在地方的工作情况，而朝廷也得不断给他下达旨意，如果用马匹传递，中间耽误的时间非常多。当然，这种低效率的通信方式不仅仅是中国独有，整个世界都是这般。直至 19 世纪 30 年代，电报的发明才彻底改变了人类的通信方式。电报在 19 世纪 70 年代初由外国人引进中国，可是，清朝统治者并没有意识到电报的重要作用，他们拒绝在中国发展电报。直到 19 世纪 70 年代末，出于军事目的，清政府才开始尝试在中国建立电报线路。由此，中国的电报事业得以迅速发展。当张之洞意识到电报的重要性之后，他立即着手发展电报事业。

张之洞任两广总督期间，广东的电报事业发展很快。在张之洞的支持下，广东重点地区陆续铺设了电报线路，同时，广东省内的电报线路也和其他省份的电报线路相连接，组成了一个大规模的电报网络，张之洞在广州通过电报给朝廷汇报工作，可以说是转瞬即达，极为便利。而且，张之洞还将电报线路铺设到了中越边境的战略要地，一旦法军在越南有所行动，他就能在第一时间得知。

尝到电报带来的甜头之后，张之洞还想更进一步，他要培养自己的电报人才。当时的中国电报事业很落后，也缺乏相应人员，所以中国的电报铺设一般都是依靠外国来完成的。张之洞不愿意受制于人，于是他向朝廷提出了办电报学堂的请求。对于张之洞这一提议，朝廷方面也表示支持，希望张之洞能够培养一批懂电报的人才为国家服务。张之洞的电报学堂教授英文、法文、电学、算学、测量等，除了这些新式学科之外，张之洞还要求学堂教授四书五经，单从这一点，就能看出他是时刻不忘维护儒家的正统地位的。

张之洞办的鱼雷学堂、电报学堂规模都不算大，真正算得上是"大手笔"的是他创办的广东水陆师学堂。1887 年 8 月，经朝廷批准，张之洞在广州城南 40 里处开设广东水陆师学堂。这个学堂效仿北洋水师学堂和福州船政学堂的章程，聘请外国教员，传授各门课程。

北洋水师学堂和福州船政学堂都是洋务派创办的、取得一定成就的新式学堂。北洋水师学堂的毕业生很多成为北洋海军的骨干，不少人在甲午海战中为国捐躯，有的成为后世名人，如现代女作家冰心之父谢葆璋、民国总统黎元洪。人们熟知的著名爱国教育家、南开大学创始人张伯苓先生，当年也就读于北洋水师学堂。在校期间，张伯苓如饥似渴地学习近代科学知识，是该学堂驾驶科最好的学生，因受近代启蒙思想家、教育家，时任学堂总办严复影响，后来走上救亡图存、开办教育之路。福州船政学堂主要专业为驾驶专业，也为当时的中国培养了一批优秀的轮船驾驶人员。张之洞参考这两所学堂的成功经验办新式学堂，也取得了不小的成就。

广东水陆师学堂本质上就是一所培养新式陆军和海军人才的军事学校。张之洞在为学堂挑选外国教员时是很有讲究的。当时英国海军实力最强，所以他就找英国海军人员来当水师学堂的教员；而陆军最强大的则是德国，因而他就找德国军人来当陆师学堂的教员。水师学习英语，分管轮、驾驶两项。管轮堂要学习机器运行的原理以及制造、操作的方法等。驾驶堂要学天文、航道、驾驶、海战战术等。陆师方面则要学习德语，同时要进行必要的体能训练，学习枪械的使用，掌握战壕营垒的修建。

对于学员毕业后的去向，张之洞也有细致的安排。水师学员毕业后，先进入训练舰实习，掌握具体的军舰操作技巧。实习一年以后，如果是优秀学员，还有机会到国外进修。陆师学员毕业后则直接挑选优秀者去国外进修。这些学员在学习期间并非仅学习文化知识，他们还需要到海军、陆军进行三个月的实习。如果遇到战事，他们甚至还要作为观察员到战场实地观摩。张之洞希望通过用这种严格的训练来培养一批军事骨干。

随着时间的推移，张之洞创办的水陆师学堂规模也越来越大，到 1889 年时，已经有数百名学员。为了培养学员，张之洞还调用了广东水师为数不多的大型军舰，以方便学员的学习。

张之洞的水陆师学堂在培养军事人才的同时，还尝试培养非军事类的专业学员，为其他洋务事业提供人才。为此，张之洞在水陆师学堂增设了矿学、化学、电学、植物学、公法学等学科，计划各学科招收 30 名学员，共计 150 人，并请洋人做教员。

由于水陆师学堂的学员的文化基础参差不齐，张之洞将这些学员分成内学生、外学生和营学生三类。内学生曾经学习过这些新式知识，有一定的外语、数学基础；外学生主要是从社会招收，只具备一些入门知识；营学生主要是来自军队的基层军官，重点学习近代军事知识。

张之洞的水陆师学堂不仅仅要求学员学习这些西学，还要求学员每天早上诵读四书五经。为了能够确保学堂的学员坚守儒家的价值观，张之洞甚至要求学员必须先学好四书五经，然后才能去学西学。这一做法再次体现了张之洞“中学为体，西学为用”的洋务思想。张之洞维护儒家价值观的决心不容置疑，他也为此煞费苦心。可是，张之洞的这种做法很难收到成效，因为他没有理清“体”和“用”的关系：“用”源于“体”，“体”则反作用于“用”。

西方现代科学技术源自于西方社会的价值观，全社会对科学和技术的尊重使得科学和技术得以迅速发展。文艺复兴之前的欧洲一度被宗教势力掌控，他们反对科学，布鲁诺因为支持“日心说”反对神学而被教廷活活烧死，那个时期的欧洲根本容不下科学。当文艺复兴以后，教会势力开始被削弱，科学和技术逐渐受到社会的尊重，这才有了西方现代科学技术的大发展。再看中国，中国传统的价值观并不重视对科学技术的研究，专注于科学技术的人往往被视为“玩物丧志”，只有科举考试才被视为正途。张之洞他们这些洋务派试图在中国传统价值观上嫁接西方科学技术，通过学习西方的科学技术来维护中国的传统价值观，这就好比把水生植物种植在陆地上，或者把陆生植物种植在水里，完全无视其发展所需要的客观环境。洋务派不顾中国的传统价值观对科学技术的限制，企图在不改造旧价值观的情况下，单纯发展科学技术，其结果必然是失败。与洋务运动理不清“体”和“用”的关系相比，日本的“明治维新”则成功得多，他们在学习西方科学技术的同时，也注意改造本国不利于科学技术发展的固有价值观，甚至引进了很多西方价值观，为科学技术在日本的发展奠定了基础。

对于“体”和“用”的关系，张之洞不仅在广东时没有认清，即便到了人生末期，他也依旧没有醒悟，终其一生他都在坚持“中学为体，西学为用”。张之洞的这种思想虽然难以挽救陷入危机的中国，但是他为挽救国家所作出的努力仍然值得后世称赞。

办工厂

要办洋务，只有新式军队和新式学堂是不够的，这些只能算得上是洋务的衍生产品，最直接的洋务就是办工厂。张之洞在两广办洋务，自然不会不办工厂。

张之洞到两广总督任上的时候，正值中法战争，给前线筹集枪械弹药是张之洞的一大任务。由于当时的中国工业很落后，国内能够生产的军火的企业也是寥寥无几，大多数枪械弹药都要从国外进口，张之洞要筹集枪械弹药自然也是从洋人那里买。对于中法之战，列强抱着“有热闹看热闹，有银子捞银子”的心态，也乐得向中国出口军火。中国方面虽然能买到军火，但是买得却不顺利，这些洋人都清楚中国急需军火，所以就坐地起价，百般刁难。这样的事张之洞遇到不少，依照他的性格，他无论如何是不愿意向洋人妥协的，但是，当下是中国有求于人，不得不委曲求全。所以，面对列强的蛮横无理，张之洞也只能忍气吞声，以便及时给前线的将士们送去枪械弹药。更严重的是，如果列强串通起来，不向中国出口武器，那么，中国军队就只能以长矛大刀来对付洋枪洋炮了。

依靠进口的枪械装备军队还有另一个问题，那就是枪械的规格和质量不统一。一支军队的武器不统一，最直接的问题就是后勤保障的压力要增加。后勤上要为前线提供不同规格的零部件和弹药，运输时自然要做区别，如此就增加了任务量。如果武器是统一的，那么后勤上就只需要为一种武器提供支持，相对而言就简单了许多，效率也能提高。

对于前线士兵来说，统一的武器也有利于作战。假如自己的武器出了问题，或者弹药不足，完全可以在己方阵地上找到自己熟悉的武器继续作战。但是，如果武器不统一，士兵就要重新熟悉其他武器的使用方法，弹药也不能通用，在情况瞬息万变的战场上重新学习使用一种武器，这无异于自杀。

通过中法战争，张之洞深刻地意识到了武器不统一带来的问题，所以，战争还没结束，他就萌生了自己办兵工厂的想法。张之洞虽然有心办兵工厂，可是军工行业对技术的要求是很高的，实施起来要比练新军、办学堂困难许多。

当时的广东在工业方面虽然比内陆的山西有一些优势，但是这种优势对于张之洞要办的事业而言，只不过是杯水车薪。

1872 年广东人陈启沅从海外回到家乡，他有海外经历，了解西方国家的机器生产，所以，他在家乡创办了一家使用机器的新式缫丝厂。陈启沅的这个机器缫丝厂不仅是广东第一家民族工业，也是中国第一家民族工业企业。当张之洞准备在广东办工厂的时候，陈启沅的工厂已经在当地形成了规模，而且，在陈启沅的带动下，当地出现了一批采用机器生产的新式企业。当地虽然有使用机器的工厂，可是都是轻工业，对于张之洞要办的大型企业帮助不大，张之洞也只能另想办法。

除了这些民营轻工业，广东官方也办了一家洋务企业，叫广州机器局，主要是生产枪炮子弹。和当时其他洋务企业一样，广州机器局也是采用衙门式的管理，大小官吏都想方设法从机器局的经费里捞钱，结果可想而知：银子花了不少，实际生产出来的东西却屈指可数。这样的企业自然是张之洞无法容忍的，在1885年，也就是他到任的第二年，他开始整顿这个机器局，原来的管事因为贪污被革职，还被罚款两万两。

在对广东原有的洋务企业进行了整顿之后，张之洞开始了更大规模的建设。1886年，张之洞在广州城北的市井墟购买了31亩地，创设枪弹厂。这个枪弹厂是在原来广东机器局的基础之上扩建而来。为了能够保障枪弹厂所产枪弹的产量和质量，张之洞派人去上海通过洋行购买了一批英国的设备。经过一番努力，枪弹厂于1887年6月正式建成投产。

张之洞建成的这个工厂虽然叫作枪弹厂，实际上就是一个子弹的组装厂。生产子弹需要的部件，如子弹头、子弹壳的铜坯及火药等，所有这些都是从国外进口的，工厂仅仅是把这些东西拼装起来。这样的企业实际上还是要受制于人，仅仅是把进口成品变成了进口原料，如此做法，最多就是比直接进口成品子弹的压力小一些，还是不能摆脱洋人对中国军火的制约。另外，工厂的产量虽然较以前有所提高，可还是不容乐观，最高时每天也只能生产两万发子弹，这样的产量是非常低的。张之洞的“广胜军”最初的编制有2500人，这样的日产量平均下来每人只有8发，而打仗时发射8发子弹不过一两分钟的时间。如果是一场投入两万兵力的战役，很可能一天就要消耗数以百万计的子弹，张之洞这个工厂生产一年的弹药估计也难以应对一场大规模战役一天的弹药需求量。除了生产子弹，这个枪弹厂还从国外购进生产枪支的部件，自行组装枪支，可是，一天也只能生产五六支步枪，根本就无法满足军队的需求。看着初见成效的工厂，再想想严峻的现实，此时已经50岁的张之洞无论如何也不会感到满足，他想，这样一个工厂只能算是小试身手，等技术和资金条件成熟了，他还将有更大的动作。

1888年，张之洞通过调查后认为，当时最好的步枪是德国毛瑟兵工厂生产的毛瑟步枪，于是他就打算从德国购买设备，在广东建枪炮厂，自行生产步枪。就当时的条件而言，德国毛瑟工厂的毛瑟步枪确实有技术优势，但是，毛瑟工厂的步枪型号很多，不同型号又有差异，尤其是那个年代的步枪发展迅速，可谓是日新月异，新一款步枪往往会比上一款步枪做出许多改进，性能也大幅提升。张之洞在技术上基本是门外汉，他只知道毛瑟步枪好，却不清楚到底哪个毛瑟步枪才是最好的。

当时，张之洞先是找到清政府派驻在欧洲的大使，通过电报询问引进毛瑟步枪生产线的事。他最关心的是引进的生产线产量如何、价钱怎样，生产出来的枪一次可以装弹多少，多久可以投产。那位大使经过一番调查后回复了张之洞，张之洞看到回复的消息后，认为可以满足他的需求，于是就着手引进生产线。

张之洞看中的那款步枪叫毛瑟71式步枪，是毛瑟工厂设计生产的第一种步枪，为单发步枪，所用的弹药填装的是黑火药，发射后产生大量烟雾和残渣，影响下一次射击。这款步枪在当时已经是落后产品，装备有该型步枪的德国军队正在寻找性能更好的步枪来取代它。后来，毛瑟工厂又对这款枪进行了改进，成为一种连发步枪，并在1884年被德国采用。可是，新改进的枪还是落后于德国的竞争对手法国。法国军队在1886年装备了使用无烟火药的新式步枪，新式步枪的性能大幅提升，德国装备的使用黑火药的毛瑟步枪明显不是法国新式步枪的对手。于是，着急的德国人在1888年也设计出了一款可以使用无烟火药的新式步枪，不过，这款新式步枪并不是毛瑟工厂设计的，而是出自一个步枪试验委员会。当张之洞决定引进毛瑟71式步枪时，德国军队已经开始装备这种使用无烟火药的新式步枪了。张之洞的枪炮厂还没有开始建设，就已经在技术上落后了一代。

德国人听说张之洞要买他们的步枪生产线，一开始还有顾虑，可是，当得知张之洞要买的是毛瑟71式步枪的生产线后，德国人心里就乐了：自己不要的东西居然还可以拿出来大赚一笔，何乐而不为呢？于是，引进毛瑟步枪生产线的合同很快就达成了，德国人给张之洞提供图纸和设备，帮助中国建设工厂，生产毛瑟步枪。至于要花多少钱，张之洞似乎并不在乎，他为建枪炮厂，一次就筹集来了80万两银子。

造枪的问题算是敲定了，但是，枪只是轻武器，一支军队光有轻武器是不行的，还得有重武器，现代的重武器有坦克、火炮、导弹等等，而张之洞那个时代，火炮几乎就是唯一的重武器，所以张之洞还要引进火炮的生产线。

火炮的威力张之洞在中法战争中早就见识到了。从前线回来的将士在向张之洞汇报前线战况时，少有不提法国火炮的。战争中，法军凭借火炮的优势，对清军阵地大肆轰击，清军将士花费大力气修筑的阵地，往往是转瞬间就被法军的火炮炸坏。失去了掩体的清军将士，只能以血肉之躯来抵御法军的炮火。有骨气的尚且能够抱着必死的决心坚守阵地，如果是胆小的，一阵炮火下来，不等法军士兵冲锋，阵地上的清军士兵就自己逃跑了。清军方面虽然也装备火炮，可是不论是数量还是质量，都不是法国火炮的对手。中国人虽然早在13世纪就开始使用火炮，但是中国火炮的性能一直没有大的突破。而法国人则在火炮上花费了不少心思，他们的火炮射程更远、精度更高、威力更大、操作更灵活。另外，马尾海战中，法国舰队用火炮轻易消灭福建水师的惨痛教训，也让张之洞对火炮充满了向往。张之洞急切地盼望着能在中国生产大量的火炮：有了这些火炮，洋人又岂敢轻易欺辱我堂堂中华？

张之洞经过一番了解后认为，德国生产的克虏伯大炮是当时非常优秀的一种大炮，要买就应该买最好的（尽管他买到的步枪生产线并不是最好的），所以，张之洞决定在采购毛瑟步枪生产线的同时，也要引进德国克虏伯大炮的生产线。克虏伯大炮的名声在近代世界上几乎是尽人皆知的，而在中国的名声尤大。早在张之洞之前，李鸿章等人就已经开始从德国进口克虏伯大炮。尤其是普法战争中，装备了克虏伯大炮的普鲁士军队（完成了德国的统一）击败法军，甚至围困巴黎。克虏伯大炮的质量也确实配得上它的名声，中法战争、中日战争、八国联军侵华战争等中国近代的重要战争中随处可见克虏伯大炮的身影。甚至到了民国时期，已经在中国的国防战线上服役了几十年的克虏伯大炮老当益壮，依然活跃在军阀大战、抗日战争中，八一三淞沪大战中，吴淞炮台上的国军士兵就是操着克虏伯老炮抗击日军，克虏伯大炮质量之好可见一斑。

客观来讲，张之洞想要引进克虏伯大炮生产线的想法是很好的，然而，他的这个想法却是不现实的。毛瑟枪的生产线是德国人淘汰的，卖了也无所谓，而且枪支的生产工艺和材质要求远没有火炮要求高，在中国生产还是可以的。克虏伯大炮则不同，这么优秀的火炮，克虏伯工厂还要指望它赚钱，怎么会轻易就把技术卖了呢？再者，克虏伯大炮的质量好，是因为德国人对工艺的要求非常高，所使用的材料也都是非常优质的材料。即便德国方面把生产线卖给了张之洞，以当时中国的工业和工艺水平，肯定也是无法满足克虏伯大炮的生产要求的，想造也造不出来。最终，张之洞购买克虏伯大炮生产线的想法没有实现，于是他只好选择购买了一批克虏伯大炮的成品。

办洋务花钱，这一点张之洞早有耳闻，如今他自己开始办洋务，更是感到钱不够用。当时的洋务企业，尤其是军工企业，产品是不进入市场流通的，生产出来的产品都是直接分配给军队使用，花的钱要么是朝廷拨款，要么是自筹。像张之洞这种主动向朝廷申请办洋务的，朝廷一般不会给什么经费，只能地方自筹。短期内他可以通过一些非常规手段弄来银子，可是，办洋务不是三两年就能办好的，这是一个长期工作，银子的来源也要有保障，否则就要功亏一篑。

当时西方列强向中国出口的一种很重要的产品是布匹，而布匹又是每个人都离不开的东西，有着极大的市场。西方国家以机器大规模生产布匹，不论在产量还是质量上，都比中国的手工布匹要好，所以，洋布进入中国后，迅速对中国的纺织市场造成了冲击，一时间，中国的纺织业急剧萎缩，大量银子流进了洋人的口袋。

张之洞看到这个情况后，下决心要发展中国自己的纺织业。一来抵制洋布，减少财富外流；二来也可以赚银子，补贴军事工业。他派人调查广东的布匹市场，了解哪种布比较畅销，然后有针对性地从西方国家引进技术和机器，生产同类产品抵制洋货。

然而，张之洞要办纺织厂，并不是想办就能办的。早在1882年，李鸿章已经开始在上海办纺织厂了，而且李鸿章的纺织厂还获得了特权，朝廷规定，十年内不准其他中国人再办纺织厂，最多是向李鸿章的纺织厂投资。不过，这一特权并不能保护李鸿章的纺织厂，因为它虽然不让中国人再办纺织厂，但是却阻止不了外国人办，而且外国的技术和设备更有优势。所以，李鸿章虽然有特权，却也难以垄断市场。张之洞办纺织厂，如果得不到李鸿章的同意，那就是违法行为，为了避免纠纷，张之洞只好给李鸿章发电报，跟他商量在广东办纺织厂的事。原本这两人的关系就不那么融洽，现在张之洞还要抢李鸿章的市场，李鸿章能同意吗？让人意外的是，李鸿章同意了此事。这样的结果令人喜出望外，不过，分析起来，还是有原因的。李鸿章虽然有办纺织厂的特权，可是依然难以和洋人竞争，张之洞来办纺织厂，无疑是增加了中国纺织业的力量，这对于抵制洋布未尝不是一件好事，而且广东距离上海比较远，两者的市场冲突不大。于公于私，对于李鸿章都没坏处，索性做个顺水人情。得到李鸿章的许可后，张之洞开始着手从英国购买织布机。

钢铁是近代工业的基础，张之洞办洋务，不论是办军事工业还是办民用工业，都需要用钢铁。当时的中国只有铁匠铺，不论是产量还是质量，都难以满足办洋务的需求；从海外进口，价格高不说，还要看人脸色。有鉴于此，张之洞萌生了自己办钢铁厂的想法。于是他就在1889年的时候，给朝廷上奏折，陈说办铁厂的重要性，希望朝廷准许他在广东建铁厂。张之洞愿意在广东办洋务，又不要朝廷的银子，朝廷自然不会不许。

得到朝廷的许可后，张之洞就联系清政府派驻到英国的大使，请他帮忙和英国人商谈办铁厂的事。英国人听说张之洞要办铁厂，并没有着急给张之洞开价，而是要求张之洞把将来铁厂要用的铁矿石和焦炭样本寄到英国进行化验。办铁厂就办铁厂，怎么还先要化验铁矿石和焦炭呢？原来，钢铁行业要用的铁矿石和焦炭，在外行看来都一样，对于行业内来说就不同了，如果产地不同，铁矿石和焦炭的成分也有不同，不同的铁矿石和焦炭要用不同的设备，产出来的钢铁也不一样。

张之洞不懂技术，只知道炼钢，他也不愿意听英国人的吩咐，在他看来，中国地大物博，要什么就有什么，没必要先化验矿石再确定设备，只要照着英国工厂用的设备原样买回来就是了。英国人得到张之洞的回复后，简直是哭笑不得。不过他们也想得开，既然花钱的人都不计较这些，他们挣钱的人又何必在乎呢？于是，英国人就决定给张之洞生产一套英国铁厂通常使用的设备。张之洞办洋务的决心确实值得肯定，但是，他这种办洋务的态度，却不可取。

张之洞在广东还引发了中国货币史上的一件大事：铸造银元。银元原本是从国外流入中国的，15世纪时，欧洲最先开始铸造银元，后来南美洲的殖民者也开始大量铸造银元并在明朝后期流入中国。第一次鸦片战争以后，随着列强的入侵，银元也开始在中国大规模流行。列强进入中国后，借口中国的银子纯度不够，往往要求中国方面使用银元进行交易或赔款。《南京条约》

里赔偿给英国人的就是2100万个银元。

由于中国不产银元，就只能用银子来兑换银元，于是，手持大量银元的洋人就故意抬高银元的兑换价格，通过操作汇率榨取中国的财富。张之洞发现这一问题后，就有了自己铸造银元的想法，他不断给朝廷上奏折，请求朝廷准许自铸银元。1889年2月，张之洞期盼了许久的铸币厂终于在广州城外建成，4月，铸币厂开始生产银元。这个铸币厂生产的银元以龙为图样，被称为“龙洋”，这是中国最早的官铸银元。

张之洞在广东任上，除了关心广东的建设之外，还为其他地方的建设操心。1885年，李鸿章给朝廷上书，希望能够修建一条从天津通到北京通州的铁路。对于李鸿章的这个提议，朝廷内部争议不断，一直没有进展。到1889年初的时候，张之洞针对这件事给朝廷上了一道奏折，他认为，当务之急不是修这条支线铁路，而是要赶紧修通一条连通中国腹地的干线铁路。张之洞建议，这条干线铁路应该从北京附近的卢沟桥开始，修到武汉的汉口，称为卢汉铁路（现在成为京广铁路的一部分）。张之洞的这个提议战略意义重大，远比李鸿章要修的那条铁路重要。朝廷经过一番考量，做出了一个决定：将张之洞由两广总督调任湖广总督，负责修建该铁路。湖广总督其实就是湖北、湖南总督，因为湖南、湖北两省在明朝时同属湖广省，因此通称为湖广总督。就这样，朝廷一纸命令，张之洞只能离开他苦心经营了5年的广东，在离开时，他筹划在广东建设的大多数工厂不要说建成，就连设备都还没有运回来呢！

4 调任湖北　大兴实业

张之洞在两广总督的任上本来干得好好的，他计划中的工厂也都开始投入建设，可是，谁曾想，一道奏折，让他不得不离开广东。自己种下的树，看来只能让后人乘凉了，到了湖北，一切就只能从头再来。张之洞在1889年离开广东来到湖北，此后将近20年间，他一直担任湖广总督，中间还两次代理两江总督，直到1907年被调回北京。在这一时期，张之洞在两湖颇有一番作为。另外，再算上早年张之洞在湖北任学政的时间，他一生中在湖北的任期超过了20年。

汉阳铁厂

张之洞办铁厂的想法在山西时就有过，在广东他还订购了设备准备办厂，可是，不等他订购的设备到达广东，他就被调到了湖北。就张之洞本人而言，他是不会放弃办铁厂的，他希望能够在湖北继续他的事业。

继任张之洞两广总督职位的是李鸿章的兄长李瀚章。和李鸿章不同，李瀚章对洋务并不热心，张之洞给他留下的那些刚刚开工的工厂让他头疼不已。这时候，李鸿章给他出了个主意：让张之洞把买下的设备带到湖北去。李鸿章的这个提议，让张之洞喜出望外，没想到，在广东置办的设备还能带走。对李鸿章来说，他一来是要给自家兄长分忧，二来是要看张之洞出丑。在李鸿章看来，张之洞要办的都是大工程，费钱耗力，很难成，张之洞只会说大话，不善于办实事，在办工厂方面出问题是迟早的事。

李鸿章心里的小算盘也只能在写给他兄长李瀚章的信里才能透露，张之洞自然是猜不到，事实上张之洞也不计较李鸿章究竟安的是什么心，只要能让他把设备带走，就是一件好事，否则，还要重新筹划，又要费时费力。

1890 年，经过协商之后，朝廷通过了将广东铁厂改建在湖北的提议，当年 5 月，张之洞就成立了铁政局，负责铁厂建设工作。就这样，53 岁的张之洞在湖北继续他在广东未完成的事业。

要建铁厂，肯定要选厂址，那么厂址设在哪里好呢？根据当时的国际惯例，钢铁厂一般会选在铁矿或者煤矿附近，这是因为铁矿石和煤炭是炼铁时需求最多的两种原料，就近建厂可以节省不少运输经费，把成本最低化。由于当时的湖北没有发现大型煤矿，于是就有人建议把铁厂建在黄石，黄石附近有大冶铁矿，可以就近利用大冶铁矿的矿石。这样的建议张之洞并不接受，他想把铁厂建在省城武昌附近。他的理由是建在武昌附近，离他近，方便他监督，而且紧邻长江，将来出铁后方便运输。总督大人既然下旨了，那就别管什么国际惯例了，按照总督大人的意思办就是。于是，负责筹建铁厂的官员便开始在武昌附近寻找合适的地方。

勘查人员前前后后给张之洞找了3个地方，最终，位于汉阳的一处地方让张之洞感到比较满意。这一块地方位于山脚之下，长有2000米，宽有500米，向南靠山，向北临江，很有气势；更难得的是，这个地方与武昌城隔江相对，将来铁厂建成，张之洞在总督衙门的院子里就能看见铁厂的大烟囱。不过，这个地方也有问题，主要是地基太低，汛期时江水容易进入，需要把地基垫高。张之洞认为，虽然垫高地基要费一笔钱，但是，总比在其他地方要省一些钱。就这样，铁厂的地址选定了。

张之洞原以为选好了厂址，再把买来的设备安装起来就能够炼铁了，可是，实际情况远比他想的要复杂。

首先是建设周期的问题，铁厂在1890年破土动工，直到1893年才建成。建设周期长，所用经费也随之上涨，张之洞原本以为只需要200万两银子就能办成铁厂，可是，实际建厂经费远远超过了他的预计，到建成时，所耗费的资金已经超过了500万两。更让张之洞为难的是，原本朝廷答应支付的200万两银子成了空头支票，朝廷根本就不给钱，这么一大笔资金，只能张之洞自己想办法筹借。张之洞在广东经营了5年，离任时也只攒下了250万两银子，现在他刚到湖北，建一个铁厂就花了500多万两银子，他在财政上的困难可想而知。为了筹钱，张之洞依旧是不择手段：湖北当地的经费中，凡是能挪用的，他一概挪用；凡是能借到钱的，他一概去借；甚至就连要上缴国库的银子他也截留。

后来，张之洞为钱急红了眼，他就“赖”上广东。他给朝廷上书，说铁厂本来是计划在广东建的，现在搬到了湖北，可是，他在广东为办铁厂准备的资金却没有跟着去湖北，他要求广东借给他50万两银子。虽然张之洞为了钱几乎什么事都做，但是，他拿到的钱没有一文是给自己用的，而是全部都用在了办工厂上。

1893年9月，工厂终于建成，全厂包括生铁厂、贝色麻钢厂、西门士钢厂、钢轨厂、铁货厂、熟铁厂6个大厂和机器厂、铸铁厂、打铁厂、造鱼片钩钉厂4个小厂，成为名副其实的钢铁联合企业，这样的规模远比他最初设想的要大。单就建成时间和规模来说，张之洞的这个工厂要比日本的第一座同类工厂早建成了7年，规模也比日本的第一座同类工厂大，在当时，堪称亚洲第一。1894年，工厂正式生产的时候，张之洞亲自到铁厂，视察一周。

对于这座工厂的建成，不仅张之洞本人很激动，国内外也都很关注。国内一些人认为，汉阳铁厂的建成，将使中国产的铁能够和欧美竞争，中国要由此觉醒了。美国驻汉口领事认为，这个工厂非常完善，规模巨大，就算参观一遍也得几个钟头。日本人更加关注这个工厂。明治维新和洋务运动都是在19世纪60年代开始的，日本人始终盯着中国人的近代化进程，时刻想着要压过中国，汉阳铁厂的建成，让日本人感到担忧。1901年，日本人的第一座近代钢铁企业投产，巧合的是，日本的这所钢铁企业所用的矿石和汉阳铁厂用的一样，都是来自于黄石的大冶铁矿。然而，日本人的这座钢铁厂，要远比张之洞的汉阳铁厂成功得多。

汉阳铁厂建成后虽然看上去很是雄伟壮观，但是，这样一座投入巨大的企业，竟然中看不中用！

实际上，当张之洞还在广东筹划铁厂的建设时，隐患就已经埋下。当时，他不顾钢铁行业的基本准则，在没有化验铁矿石和煤炭的情况下，就武断地决定进口设备。当他进口的设备在武汉建成铁厂要投产的时候，才发现进口来的设备根本就不能冶炼大冶铁矿的矿石。仅仅这一项，就使得整个工厂遭受巨大损失。铁厂已经建成，无论如何是不能废弃的，只得改造铁厂的设备，以便能够冶炼大冶铁矿的矿石，于是又耗费了大笔资金。还有煤炭的问题，由于湖北没有现成的煤矿，张之洞只好一边规划铁厂一边找煤矿，几经周转，选择了两个地方采煤。谁知，一处地点煤没有挖出，却挖出了大水，原本要采煤的工地，成了一片泽国，只得放弃。另一处地点虽然挖到了煤，但是产量很小，而且挖出来的煤也不能用于炼铁。最后，张之洞只能放弃自己产煤的想法，转而购买开平煤矿（李鸿章经营，位于河北唐山）的煤，同时还要从国外进口焦炭。就这么折腾了一圈，到头来一事无成，而且还耗费了近百万两银子。1894 年 6 月开始炼铁后，铁厂一直因为煤炭的问题而开工不足。

汉阳铁厂的问题还不止于此，它在管理上也是弊病丛生。张之洞虽然热衷于建立机器化大生产的工厂，但是，他对工厂的管理却是封建衙门式的，当然，当时几乎所有的洋务企业都是如此。

西方现代企业的建立与现代化的企业经营理念是相生相伴的，二者是你中有我、我中有你的关系，离开现代化企业，就不可能出现现代化的经营理念，同样的，没有现代化的企业经营理念，也不可能有西方现代化企业的崛起。然而，到了洋务派这里，他们却将西方的现代化企业和现代化企业的经营理念割裂开来，他们学习西方，只引进了西方的现代企业，却并没有相应的引进与之匹配的经营理念。西方企业的经营理念以营利为根本，企业为市场而存在。可是，洋务派的现代化企业却是衙门式的经营方式。

所谓衙门式的管理就是说工厂如同衙门：工厂的管理者不是了解市场的职业经理人，而是位高权重的政府官员；工厂的生产也不是为了满足市场的需要，而是依照官员的命令；就连工厂的经费都是国家财政拨款。工厂不以营利为目的，自然也就无所谓成本和收益之说。于是，一家原本可以震惊世人的工厂，却成了大小官吏捞取油水的一只肥羊。据说，最初的汉阳铁厂如果要派人办一件事，那么，这件事不论大小，都得派出十人八人的队伍，而且这些人个个都是政府官员。这些官老爷虽然是在管理铁厂，可是毕竟是官老爷，无论如何不能少了官老爷的气势。所以他们出门，排场自然不会小。因为是给铁厂办事，其花销只能是从铁厂的经费里出。在铁厂的建设过程中，这种花销可以说是不计其数。后来铁厂建成，但是因为煤炭和铁矿的原因，一直无法全力投入生产。然而，这并不影响工厂管理者的收入，他们依旧是吃喝玩乐，不亦乐乎。有人曾经统计过，在创办汉阳铁厂期间，张之洞总计花费了560多万两银子，而这当中真正用到铁厂上的，只有200多万两，其余的全是用到了无关紧要的花费上。

张之洞办汉阳铁厂，结果把铁厂变成了无底洞，大笔大笔的银子投进去却不见收益。对此，朝廷上一些人开始对张之洞有意见了。

当时，骂他的也有，贬他的也有，告他的也有。但张之洞做事不拘小节，他没把这些事放在心上。那时候，张之洞手下有一个叫赵凤昌的幕僚，此人很有才华，张之洞对他很是器重和信任，经常和他商议重大事件。由于两人关系非常密切，这就招致了一些人的非议。有人就作了一副对联：两湖总督张之洞，一品夫人赵凤昌。这副对联很快就传开了，不仅墙上贴得到处都是，就连当时一些报刊都登载了。所谓“好事不出门，坏事传千里”，这件事很快就传到了朝廷。大理寺卿徐致祥听说此事后对张之洞非常不满。这大理寺卿听名字似乎无关紧要，可是，实际上他是当时全国司法系统的三大长官之一，和刑部、都察院共同主持全国的司法工作。

徐致祥身为司法人员，自然不能容忍张之洞在地方上“胡作非为”。于是，他就开始搜集张之洞的“罪证”，批评张之洞的政风和人品、才能。材料搜集充分之后，在1893年（光绪十九年），也就是铁厂即将建成之际，徐致祥上奏折弹劾张之洞。他说张之洞只会夸夸其谈，没有真本事，看着像是忠君爱国，实际上就是色厉内荏、徒有虚名，做表面功夫的能耐天下无敌，还说张之洞不适合担任封疆大吏，也不适合在朝廷任职，只能整理一下书籍，做些文字工作；又说张之洞只知道给上司拍马屁，靠这些见不得人的伎俩求升迁。除了张之洞的人品，他在地方上的工作也成了批评的对象。徐致祥说张之洞在地方办工厂花销巨大，给国家造成巨大的浪费；朝廷让他去湖北修铁路，结果铁路没有修，反而搞什么铁厂。整个奏折把张之洞从内到外、从上到下都批了一遍。在徐致祥的奏折里，张之洞基本上就是个十恶不赦的大奸臣。

这样一封奏折呈给朝廷，朝廷自然不敢轻视，慈禧太后派出了以两江总督刘坤一和两广总督李瀚章为首的调查团，去湖北调查张之洞。刘坤一也是洋务派，他对洋务的态度和张之洞相似，都是从反对到支持，所以他对张之洞在湖北的工作很是理解；李瀚章对洋务的事不关心，他一心想着他自己的两广，所以对张之洞在湖北的作为，他基本上是保持中立态度，任凭刘坤一去处理。

此事重大，刘坤一也不敢草草了事，他按照朝廷的要求，规规矩矩地查张之洞在湖北用钱用人的事。事实上张之洞在这两方面也确实没有什么不妥之处，不论是用人还是用钱，都以公为先，自己没有得到什么私利。虽然在实际的执行过程中出现很多问题，但是，那是因为缺乏必要的监督程序，导致“上有政策，下有对策”，这些和张之洞没有直接关系，刘坤一自然也不会细查。所以，刘坤一得出的结论是张之洞在湖北没有做对不起朝廷的事。

刘坤一经过一番调查，站在一个洋务派的立场上，给朝廷上交了调查报告。这当中自然看不到对洋务的抵制，反而是将张之洞在湖北办洋务的事变着法地夸奖了一番。如此，徐致祥对张之洞的弹劾也就不成立了，甚至变相地帮了张之洞一次——经过这件事，朝廷对张之洞在地方上做的事就更清楚了，对张之洞也就更放心了。后来，张之洞再向朝廷要钱的时候，受到的阻力也小了不少。

政治上的危机算是过去了，但是，汉阳铁厂的问题依旧存在。此时的张之洞对于汉阳铁厂日渐感到无力应对。大笔的资金投进去，生产出来的产品不仅数量少，质量也达不到要求。为了解决铁厂的问题，张之洞使出了浑身解数，但是，封建官吏的思想怎么可能驾驭得了现代化的企业呢？药不对症，任凭他是何方神圣，也不可能解决问题。张之洞虽然意识不到引进观念的重要性，但是他却看得出来，以他的做法经营不好铁厂。于是，他开始承认自己在经营上的无能为力，萌发了要把铁厂交给他人打理的想法。

张之洞想找人代为经营铁厂，他脑子里首先想到的是把铁厂交给洋人经营。把中国人辛辛苦苦建立的大型钢铁企业交给洋人经营？张之洞是昏了头吗？当然不是，他是有着自己的考虑的。当时的中国并没有像汉阳铁厂这样的大型联合钢铁企业，没有这样的企业，又去哪里找有这方面经验的中国人呢？如果抱着民族主义的倾向，把铁厂交给中国人，那么铁厂很有可能还是经营不好。洋人则不同，汉阳铁厂的技术全部来自西方，西方人在这方面是中国人的老师，把铁厂交给洋人，虽然少了点民族自豪感，却能挽救这个企业。张之洞是个务实的人，是要面子还是要实际成果，他心里很清楚，他不能因为一点所谓的“民族自豪”而毁掉这个花费巨额资金建立的铁厂。

张之洞要找洋人来经营铁厂！这一消息很快传出，国内几乎是一致反对。大体说来，反对者最担心的就是洋人最终成为汉阳铁厂的实际控制者。这种担忧在今天看来无疑是多余的。为什么呢？因为张之洞只是让洋人来经营，而不是转让铁厂的股权。这和今天的大型企业找职业经理人来经营企业是一样的，经理人不过是给股东们打工，而企业的所有权还是在股东们的手里。汉阳铁厂的股权在张之洞手中，任凭洋人如何经营，只要张之洞不转让股权，汉阳铁厂就不可能被洋人占据。理虽然是这个理，可是那个时候的中国对于现代企业的理解非常有限，分不清股权和经营权。在当时的人们看来，把企业给洋人经营，就等于企业让洋人控制了。所以，张之洞要找洋人经营铁厂的消息引起了轩然大波。

湖南巡抚陈宝箴在听说这个消息后，吓出了一身冷汗。陈宝箴也是洋务派大员，他在湖南大办洋务，对于办洋务的艰辛很清楚。一听说张之洞要找洋人来经营铁厂，他立即给张之洞发电报，陈说铁厂的重要性，劝说张之洞不要把铁厂交给洋人办。就张之洞而言，把铁厂交给洋人办理他也不情愿，可是，中国人办不好，又不交给洋人办，难道就让偌大一个铁厂这么荒废掉？而且，这个时候发生了一件震惊全国的事件：中日甲午战争爆发，中日两国开战了。既然打仗了，那肯定是先把银子用到战场上，至于张之洞的铁厂，只能靠后。一方面是经营不善；另一方面资金紧缺，张之洞几乎是走投无路。所以，尽管大家都反对，可是张之洞还是没有放弃找洋人来接手汉阳铁厂的念头。

然而，当时中国的环境对于发展资本主义工商业而言，并不理想。像张之洞这样的封建官僚或许是当局者迷，但是，那些旁观的洋人可看得清楚，他们对于接办中国的企业并不热心，而更愿意把中国作为商品的倾销地。所以，尽管张之洞要找洋人来经营汉阳铁厂，可是，并没有洋人敢接手。这时，有人向张之洞推荐了一个据说有能力经营汉阳铁厂的中国人。这个人叫盛宣怀。

盛宣怀可以说是中国近代一个非常了不起的人物，据说他创造了多个当时的中国第一：第一个民用股份制企业轮船招商局；第一个电报局；第一个内河小火轮公司；第一家银行；第一条铁路干线——京汉铁路；第一个钢铁联合企业——汉冶萍公司；第一所大学——北洋大学堂（天津大学）；第一所高等师范学堂

——南洋公学（交通大学，后演变成上海交通大学、西安交通大学、北京交通大学、西南交通大学、台湾新竹交通大学 5 所高校）；第一个勘矿公司；第一座公共图书馆；还创办了中国红十字会。当然，这些都是后话。张之洞最初接触盛宣怀的时候，盛宣怀还没有这么了不起，张之洞也不看好盛宣怀。更让张之洞顾虑的是，盛宣怀和李鸿章的关系很密切，他是李鸿章办洋务的得力助手。张之洞和李鸿章都是地方大员，而且两人的关系并不融洽。如果让盛宣怀经营铁厂，张之洞担心李鸿章会坐收渔利。张之洞找不到合适的人来经营铁厂，自己又做不来，汉阳铁厂只能这么不死不活地拖着，一直到中日甲午战争结束。

中日甲午战争，清朝惨败给日本，李鸿章作为北洋大臣，其所辖的北洋舰队全军覆没，他本人对于战争结果负有不可推卸的责任，而且，在《马关条约》上签字的也是李鸿章。于是，战后，李鸿章就成了众矢之的，他的地位开始动摇。但是，中日甲午战争中中国战败，这绝对不是李鸿章一人能够左右的。从表面上看，是日本打败了中国；从本质上看，则是资本主义打败了封建主义——马克思早已论证，资本主义制度是比封建主义制度更有优势的一种社会制度。所以，走上资本主义道路的日本和还在封建社会苟延残喘的清政府相比，具有绝对优势，如果中国不变革，即便在中日甲午战争中占到一些便宜，也依然难以在形势上压制日本，资本主义的日本战胜封建主义的中国只是时间问题。中国的失败，不是因为人力不够，或者物资短缺，而是败在了制度上。李鸿章是这个制度的维护者，也是这个制度的牺牲品；他是施害者，也是受害者。

和李鸿章在战后的失势截然不同，张之洞在战后声望日高。

张之洞虽然没有直接参与战争，但是张之洞力主抗战的态度却是有目共睹。战争期间，他不断给朝廷出谋划策，即使没有功劳，苦劳也不算少，朝廷自然看到了他的一片忠心。盛宣怀也是个聪明人，而且是个聪明的商人。如果此时让他在李鸿章和张之洞之间做个取舍，他自然要偏向张之洞。事实也正是如此。

1896年初，盛宣怀在明知汉阳铁厂困难重重的情况下，还是毅然来到武汉，和张之洞商谈接办铁厂的事。张之洞呢，他这时也不再排斥盛宣怀，毕竟李鸿章已经开始失势，难以对张之洞产生足够大的威胁。这个盛宣怀只不过是个办事的人，至于给谁办事，并不重要。张之洞和盛宣怀之间的合作可谓是各取所需：张之洞想通过盛宣怀办好铁厂；盛宣怀呢，想借助张之洞多办些实业，多赚些银子。于是，双方的合作协议很快就签订了。协议规定，铁厂交由盛宣怀办理，但是，要接受张之洞的监督。更重要的是，双方约定，日后建京汉铁路时，需要用的铁轨必须向汉阳铁厂订购，这就给铁厂提供了销路。此外，经批准，张之洞还给铁厂免去了10年的税收。

1896年4月，汉阳铁厂正式改为官督商办，政府不再参与铁厂的经营。两年后，在江西萍乡找到了合适的煤矿，汉阳铁厂的燃料问题得以解决。1908年，汉阳铁厂、大冶铁矿、萍乡煤矿联合组成“汉冶萍公司”，盛宣怀任总经理后取消了“官督”，成为纯粹的商办企业。

张之洞作为一个开明的封建官吏，虽然可以凭借对洋务的热心办出汉阳铁厂这种规模的现代化企业，但是，他却不能有效地经营这样的企业。机器化大生产只能算得上是现代企业的血肉，仅有血肉还远远不够，还必须要有灵魂，一个企业才能具有活力。这所谓的灵魂就是现代化的经营理念，这种现代化的经营理念，离不开资本主义社会所认可的价值观。现代化的经营理念离开了它产生的环境，那就是无源之水，就是一潭死水。张之洞办企业的行为固然值得肯定，但是，把企业办成无源之水，只能是给当时的国家又加重了一层负担。张之洞及时承认了自己在经营上的无能为力，作为一个封建官吏，他不仅敢于承认自己在施政中存在的问题，还积极地进行纠正，这种品格已是极为可贵的。尽管张之洞算不上一个资本家，但是，他对工业的开明态度，却为中国工业的发展带来了极大的便利。

湖北枪炮厂

对于洋枪洋炮的威力，张之洞早在中法战争中就已经领教过。在两广总督任上时，他就开始创办枪炮厂。只是当时的规模很小，无法满足张之洞的要求。于是，他就通过清政府的驻欧洲大使联络德国人，希望从德国进口枪炮的生产设备。然而，还没等设备运到广东，张之洞已经调往湖北。

李鸿章虽然对张之洞的铁厂设备不感兴趣，但是，对于张之洞的枪炮厂设备却兴趣十足。李鸿章积极走动，希望能够把张之洞订购的枪炮厂设备转运到天津或北京，使之处在他控制的北洋势力之下。张之洞对大型枪炮厂心仪已久，无论如何是不会答应李鸿章的。由于李鸿章怂恿他的哥哥、接任两广总督的李瀚章不要接手铁厂，张之洞就趁机要求把铁厂和枪炮厂一起转到湖北。为此，张之洞还提出了将枪炮厂设在湖北的好处：首先是他要在湖北办铁厂，铁厂可以为枪炮厂提供原料；其次是湖北为九省通衢，设在湖北可以支援周边各省，即便沿海地区急需枪炮，也可以通过长江水道快速抵达；最后，在湖北设厂对于改变当地落后的面貌有不小的帮助，有利于西部的稳定（后来四川的保路运动分散了湖北新军，革命党则趁机在武昌发动了起义，这与张之洞的设想完全相反）。

对于清政府而言，他们更关心如何制衡这些把持地方大权的官僚。当时的李鸿章已经是位高权重，如果再给他一个大型枪炮厂，实力必然会再次提升。再者，张之洞和李鸿章的关系不融洽已不是什么秘密，壮大张之洞制衡李鸿章也未尝不可。出于这样的考虑，朝廷方面决定让张之洞把枪炮厂也带到湖北去办。如此，张之洞在德国订购的枪炮厂设备算是保住了。

张之洞建枪炮厂，继续坚持“要建就建最好”这一原则。1891年，已经就任湖广总督的张之洞，听说德国在1888年又研制出了更为先进的步枪，比之前的毛瑟71式步枪还要好。于是，他就要求德国方面把设备换成生产新式步枪的设备。德国方面听说张之洞要求更换设备，而且还是最新式步枪的设备，当然不乐意。不过，也没有拒绝张之洞，而是要求加价，而且是45万马克高价。这可不是一笔小数目，但是，张之洞答应了。

如果单从技术标准上来说，张之洞买到的确实是当时世界上技术最先进的步枪。但是，枪械所追求的，不是技术上最先进，而是士兵在使用时的可靠。以AK47和M16这两种突击步枪为例，M16出现的时间比AK47要晚将近20年，从技术角度而言，M16肯定优于AK47，但是，在越南战场上，美军士兵很多时候会扔掉自己的M16，捡起越南士兵丢下的AK47，其原因就在于AK47在使用时出现故障的概率远低于M16，比M16更为可靠。所以，枪支在使用时的可靠性才是第一重要的因素。从枪支的可靠性上来说，德国人这次狠狠地坑了张之洞一回。

张之洞新看上的那款德国步枪被称为1888式“委员会步枪”。1888年，为了抗衡法国的新式步枪，德国的一个步枪试验委员会利用已有的技术，拼凑出了这款新式步枪。这款枪并非毛瑟工厂的产品，只是德国军方迫于武器的发展形势临时拿出的一个方案。当时，德国军队急于装备新枪，而毛瑟工厂研制新枪又很费时间，所以这款临时拼凑的枪就成了德国军方的首选，短时间内大量装备德国军队。然而，装备到部队的新枪很快就暴露出了问题，比如装弹退弹困难、抽壳可靠性不佳，最严重的是炸膛。枪容易炸膛，这还了得？本来是要杀敌的，这一炸膛，估计连自己的性命也难保了。德国方面已经生产了很多这样的枪，可以说是骑虎难下，只能修修补补勉强维持，当毛瑟工厂设计出新的枪械后，他们就迫不及待地换上了真正的毛瑟步枪。

当张之洞要买毛瑟步枪生产设备的消息传到德国方面后，德国人立马有了主意：把1888式“委员会步枪”当作毛瑟步枪卖给张之洞。身处中国的张之洞对于发生在德国的事情并不清楚，更何况德国人已经声明，卖给张之洞的是最新式的毛瑟步枪。而张之洞经过考察，发现德国人拿出的步枪确实比以前买的步枪要先进，于是，他就买下了这种让德国人头疼的枪。就这样，德国人在加价之后，把一款问题不断的枪支卖给了张之洞。这款步枪到了中国之后，就成了大名鼎鼎的“汉阳造”步枪。

1892年，湖北枪炮厂破土动工，两年以后于1894年建成。枪炮厂在当年6月完工后，张之洞于7月初亲自视察枪炮厂，由此可见他对枪炮厂的重视。然而，张之洞视察后没多久，在7月中旬，枪炮厂就发生了一场大火。就这样，刚刚建成还没来得及投产的枪炮厂在大火中化为灰烬。这场大火也暴露出了管理上的漏洞，这一点和铁厂毫无二致。

看着化为灰烬的枪炮厂，张之洞怒不可遏。他想要追究责任人，可是，枪炮厂衙门式的管理方式使得责权不明、分工不清，这场大火似乎谁都应该负责，但是每个人又有足够的理由将责任推卸得一干二净，到头来偌大一场事故竟是因为一点小差错引起。一个小差错会引起这么大的事故，不是因为小差错有多么可怕，而是因为小差错背后藏着数不清的大问题。监管不到位、责任不明确，使得没有人去及时纠正小差错，小差错才有机会酿成大事故。如果枪炮厂各个岗位的人员能够分工明确、各守其责，那么，这些小差错会在第一时间被消灭，如此这般，又怎么可能引发大灾难呢？所以，一个小差错能引起大事故，这绝不是小差错的问题，而是因为造成大事故的问题早已存在，小差错只不过是那么轻轻一推，于是，所有的问题就暴露出来了。张之洞如果要追究责任，他自己就要担负最大的责任，他那不合理的管理方式才是问题的根源所在。

张之洞找不到应该为枪炮厂大火负责的人员，心里很是郁闷。忙活了这些年，花了大把大把的银子，最终却成了一堆灰烬，这让他的信心倍受打击。而且，在这个时候，中日间的战争已经爆发，朝廷一时也拿不出银子来让他重建枪炮厂。不得已，张之洞只好把原来枪炮厂的人员都裁撤了，只留下枪炮厂被大火烧过的废墟。

随着中日战局越来越激烈，朝廷将两江总督刘坤一调往前线负责对日作战，张之洞则被任命为代理两江总督，临时帮着刘坤一打理两江的事务，当然，湖广总督的事他也不能放下。中日战争中，清朝军队不断吃败仗，张之洞在后方真是焦急万分，他再次感到了军事工业的重要性。所以，1895 年 7 月，也就是中日战争刚刚结束后，张之洞就再次给朝廷上奏折，请求朝廷拨款重建湖北枪炮厂。中日一战，李鸿章的势力被削弱，张之洞则名声大振，朝廷方面也开始更多地倚重张之洞，所以，张之洞再建枪炮厂的申请得到了朝廷的批准。于是，张之洞再次花费重金从德国购进生产设备。

新的设备和厂房很快就投入使用，并且开始试生产。此次厂房建设还算顺利，没有再发生重大事故。到 1895 年底，枪炮厂基本建成，第二年开始投入正式生产。1896 年，一共生产了 1300 支步枪，此后，产量不断提高，中间虽有起伏，但是整体规模依然庞大，最高时的日产量可达到 200 支。对于枪支本身存在的一些问题，枪炮厂的技师们也并非束手无策，他们积极对枪支进行改进，将问题降到最小化。比如说炸膛的问题，枪炮厂的技师们就在子弹和枪管上进行改进，他们采用了不易出现问题的圆头子弹，替代了容易引起炸膛的尖头子弹，同时还增加枪管的厚度，使它可以承受更大冲击力。最终，经由中国人的智慧重新打磨的 1888 式“委员会步枪”克服了诸多让德国人头疼的问题，成为可靠耐用的“汉阳造”步枪。从 1895 年起，这款步枪逐渐成为中国军队装备最多的步枪，甚至还在抗美援朝的战场上使用过。在这半个世纪的时间里，中国陆陆续续生产了超过 100 万支“汉阳造”。

在张之洞看来，军事工业事关国家安危，所以，军事工业的方方面面都不能受外人制约。为了能够实现完全独立自主的目标，张之洞便不惜成本，建成了从原料到成品无所不产的军工系统。所以，张之洞建的枪炮厂不仅是生产枪支，还能生产火炮、枪弹、炮弹以及与其配套的炮架、铜壳、底火等产品。由于工艺的原因，张之洞的兵工厂能够生产的都是小口径火炮，不过，即便是这些小口径火炮，在工业及其落后的旧中国，也是难得的武器。

对于枪炮厂而言，最大的问题是资金。当时的枪炮厂资金都是政府拨款，生产出来的武器也是直接分配给军队使用，根本就不参与市场流通。张之洞为重建枪炮厂，前前后后就花了将近300万两银子，后来枪炮厂投产，每年的经费又是几十万两银子。朝廷没有钱，张之洞就想让各省出钱支援枪炮厂，结果根本就没有得到响应。不得已，张之洞只能想方设法在湖北找钱。一方面，张之洞从地方财政上拨款给枪炮厂；另一方面，他还找当地的官绅给枪炮厂“捐款”，据说有人一次就捐了20万两银子。然而，这些都不是长久之计，枪炮厂在资金上仍然是朝不保夕。在资金困难的时候，张之洞甚至不惜向洋人借款，更甚至挪用铁厂的资金。到1907年张之洞离开湖北之前，他为枪炮厂借了500多万两银子。

据一份调查报告称，张之洞的枪炮厂从投产到1908年，共造步、马快枪11万余支，枪弹4000余万发，各种炮985尊（其中各类快炮740余尊，前膛钢炮120余尊），各种炮弹98万余发，无烟火药约15万公斤。

1904年，湖北枪炮厂的规模已经非常庞大，形成了完整的军工系统。此时，张之洞认为，“枪炮厂”三个字已经不能用来形容他办的军工厂了，于是便给朝廷上奏折，希望将“枪炮厂”这个名字改一改。最终，经朝廷批准，张之洞将“湖北枪炮厂”更名为“湖北兵工厂”，后又于1908年更名为“汉阳兵工厂”。

就这家兵工厂而言，它的出现确实在很大程度上改变了当时中国军队的装备情况，为中国反抗外国侵略贡献了自己的力量，也为中国的军事工业奠定了基础。然而，需要指出的是，一个国家的强大与否，绝不是由某种先进武器决定的。如果国家不能从根本上建立一套可以使国家走向富强的体制，那么不论这个国家拥有多少先进的武器，其结果依然是可悲的。张之洞的确为大清朝引进了那个时代的先进武器，但是，这些武器不仅没能挽救故步自封的大清朝，反而加速了大清朝的灭亡。

今天看来，国家富强的根本是制度，一个可以激发整个国家活力的制度。但是，100多年前的张之洞并不认可这样的观点，他坚持的是“中体西用”，他相信，只要在中国开办足够多的工厂，国家就能富强。为了这个目标，他几乎耗尽全部心血。

发展纺织业

张之洞对纺织业的兴趣也是早在两广总督任上时就产生了，至于他办纺织业的目的其实很简单，就是为了挣钱以便补贴创办的军事工业。

19世纪晚期，物美价廉的洋布在中国大行其道。洋布的到来，一方面冲击了中国传统的纺织业；另一方面也赚取了中国大量的财富。当时，不论是民族资本家还是洋务派，都意识到了发展机器纺织业的必要性，他们开办了不少机器纺织厂。张之洞还在广东时就有心发展纺织业，并且订购了纺织设备。然而，还没等设备到广州，他却被调到湖北了。他只好和新的两广总督李瀚章商议，把纺织厂的设备也迁到湖北。

张之洞的想法是，在把纺织机器运到湖北的同时，也把广东的资金带到湖北。张之洞在广东经营数年，攒下了一笔钱，而这些钱张之洞也都计划着用来办工厂。如今他新到湖北，机器虽然跟着他来了，但是钱却不能动。当时的湖北属于内陆落后省份，根本拿不出张之洞办工厂需要的资金，所以，张之洞只能继续从广东方面想办法。

他和李瀚章商议，把广东原本办纺织厂的资金交给湖北，等工厂办成之后，利润由两地平分。一开始，李瀚章觉得这个主意不错，不需要做什么就能挣来银子，何乐而不为呢？可是，谁曾想李瀚章中途变卦，原本答应张之洞的银子不给了。他的理由是广东到处用钱，银子很紧张。

张之洞做了5年的两广总督，广东的财政状况他心里清楚，李瀚章拿这样的借口应付，他自然清楚是什么意思。张之洞心里很不好受，这钱明明是他得来的，如今却不能让他用。可是他能有什么办法呢？他一个湖广总督怎么能动用两广总督的银子呢？

心里有气，但是纺织厂还得接着办下去，为了能拿到办纺织厂用的银子，张之洞不得不继续跟李瀚章协商。他跟李瀚章商议，如果广东不能拿出全部的办厂资金，拿出一部分也行，而且拿出的这些钱可以收利息。见张之洞一再让步，而且回报丰厚，李瀚章最终同意拨给张之洞16万两银子。这笔钱是不够办纺织厂的，张之洞还得继续想办法筹钱。除了向国内各省想法借款之外，张之洞还向英国的汇丰银行借了16万两银子。就这样，经过多方借贷，张之洞总算是凑够了办纺织厂需要的银子。为了办纺织厂，张之洞几乎是“死皮赖脸”地去借钱，他办工业的决心可见一斑。

1890年底，张之洞的纺织厂开工建设，命名为“湖北织布官局”，厂址在武昌城外。经过两年的建设，这个工厂建成。工厂的规模非常大，技术也很先进，织布机有1000张，都是从英国进口，纱锭有3万枚，雇用工人2500名。为了提高生产效率，张之洞计划24小时开工。他将招募来的工人分成昼夜两班，人歇机器不歇。为了解决夜间照明的问题，张之洞还给纺织厂安装了1100多盏电灯。偌大一个工厂，到了夜间竟然如同白昼，这给当地民众带来了不小的震撼。当时的社会还不允许女子外出工作，所以，工厂招募的都是男工和童工。由于使用的是机器生产，工人需要接受培训，可是，当时的中国教育水平很低，培训这些工人花了不少工夫。为了确保机器能够正常运行，张之洞还请来了一批洋技师。

这个工厂生产的产品主要有原布、斜纹布、花布、面巾等，每月可以生产布2000匹，每匹布有10丈，换算成今天的计量单位，他们一个月就能生产6.6万多米的布匹，铺在地上就是66公里。这些布上市之后，大受欢迎，各地几乎是争先恐后地购买，工厂里根本就存不住货。好的销路，也就意味着源源不断的利润，同时也抵制了洋布。张之洞在他的《劝学篇》里说过，自从湖北的这个织布局投产以后，仅汉口一地，每年就少进口洋布14万匹。

织布厂的成功让张之洞很满意，但是，一家织布厂的利润无论如何也难以应对铁厂和枪炮厂的开销，必须再开财源。于是，张之洞又将目光转向了纺纱业。纱是用来织布的原料，随着中国纺织业的发展，对纱的需求也不断攀升，洋纱在中国的销路甚至比洋布还要广。张之洞想，如果建立起自己的纺纱厂，那么一来可以抵制洋纱，二来也可以给其他企业积累资金。抱着这样的目的，张之洞着手建立纺纱企业。

然而，当时张之洞建设的重心是重工业，他把有限的资金都投进了铁厂和枪炮厂，就连建织布厂的资金都是想尽办法凑来的，现在根本就拿不出钱来建纺纱厂。张之洞找到清政府驻英国的公使薛福成，通过他和英国的商人交涉，看看有什么办法可以在资金不到位的情况下还能拿到机器。最终，双方商定了通过分期付款的方式来解决纺纱厂资金的问题。分期付款的消费方式在第二次世界大战以后流行起来，张之洞则提前了50多年就开始尝试分期付款的支付方式，这不是说张之洞的消费理念有多么超前，而是因为他实在是现实所迫。

虽然张之洞通过分期付款来买英国人的纺纱机器可以缓解资金压力，但是，他依然面临着严峻的资金问题。根据他和英国商人的协议，需要先行支付25%的款项，其余款项要在三年内付清，而且未付的款项还要附加利息。英国方面只需要在两年内交付机器。尽管购买机器的款项已经降到了原来的四分之一，但是，张之洞还是拿不出钱来。没有钱，这可如何是好？张之洞灵机一动，官府的银子不够用，何不找有实力的商人入股呢？最终，张之洞在当地商人当中募集到了30万两银子的商股，外加官府又拨款30万两，这才凑够了纱厂的首付款。

张之洞计划要建成南北两个纱厂，共装纱锭9万枚。由于资金不足，张之洞只能先建一个纱厂。首先开工建设的是北厂，装纱锭5万枚，建成投产时已经是1897年了。张之洞把建成的这个纺纱厂取名为“湖北纺纱官局”。纱厂建成后，经营得很不错，很快就获得盈利。然而，纱厂的股东们却产生了分歧。

纱厂的建设资金一半来自商人，一半来自官府，按照股份的比例，商人和官府的话语权应该是各占一半。但是，在实际操作当中，官府几乎把持了整个纱厂的控制权，商人们根本就没有发言权。商人出了一样多的银子，却说不上话，这让他们很不满，他们提出了异议。

张之洞虽然是个开明的封建官吏，但是归根结底他还是个封建官吏。封建官吏最大的特点之一就是独断专行，对上，他们可以服服帖帖，但是，对下，他们要有绝对的控制权。张之洞也是如此，那些无职无权的商人想约束他，他肯定会很反感。然而，商业活动的一大前提就是双方地位的对等，只有双方地位对等了，才能公平买卖。可是，张之洞不是商人，他自然也不会想到什么地位对等，他要求的是下级对自己的服从。结果，张之洞不仅理解不了商人们要求话语权的举动，还觉得自己很委屈。

在张之洞看来，这些商人太过分了，他们只想让官府出银子资助他们，却又不希望官府过问他们的经营情况，到头来钱花到什么地方官府都不知道，这怎么能行呢？双方无法达成一致，张之洞又不能赖账，他只好想办法把商股退还。要退还商股，这就是一大笔钱，张之洞哪有这些钱呢？如果有钱，他又怎么会找商人募股呢？无奈之下，张之洞只得先退还一半，另一半算是借贷，每年付给商人们利息。对于张之洞的这个决定，商人们无可奈何，只能被动接受了。

出现这样的事情，大家多少也就可以知道当时的中国为什么会落后了。清朝的洋务运动和日本的明治维新都是在同一时期开始的，洋务运动甚至还要比明治维新早几年。明治维新时，日本官方出资创办了一大批近代企业，当这些企业开始投入生产以后，官方便以极其低廉的价格将这些企业出售给了国内的商人，主动培养了一批资本家。再看洋务运动，也是官方出资创办企业，可是，结果呢，官府死死地把持着这些企业，根本就无视资本主义发展的客观规律，完全以封建官僚的做法来运作这些企业。甚至可以说，清政府不仅不培养本国的资本主义力量，反而不择手段地压制本国资本主义的发展。日本的近代化使得日本成为资本主义国家，而清朝的近代化，只不过是为了延续已经走到尽头的封建统治。张之洞办近代企业，目的不是发展资本主义，而是维护封建主义。单从这一点上来看，清朝的灭亡就不可避免。

张之洞办工厂，一心想着要做大做强，办铁厂、枪炮厂如此，办纺纱厂也是如此。一开始张之洞就计划着要建两个纺纱厂，可是，由于资金问题，他只能先建一个。纱厂只建成了一个，可是当初订购设备的时候他买的却是两个纱厂要用的，第二个纱厂的设备只能暂时搁置。为了买这些设备，张之洞前前后后花了将近90万两银子，如今因为没钱建厂，只能这么浪费，这让极度缺钱的张之洞很是心疼，他想，这些设备无论如何不能闲置。

为了充分利用这些设备，张之洞让人把设备运去上海，希望有商人可以接收这些设备。谁知结果竟是有货无市，一大批上好的设备竟然没有人敢接手，只能丢在码头上任凭风吹雨淋。后来，状元出身的张謇回到家乡江苏南通办实业，便把张之洞丢在上海码头上的设备接了过来。这批设备原本是极为精良的，在码头上搁置了多年，又缺乏必要的维护，导致机器锈迹斑斑，形同废铁。在这种情况下，这批机器当然不能按照原价卖给张謇，最终只算了50万两银子，比当初购买的价格便宜了将近40万两。机器维护成这样，这让张之洞很恼火，他责令下属追查责任人，可结果呢，各级官吏相互推诿，谁都不承认自己是主要责任人。当初一场毁掉枪炮厂的大火尚且难以找到责任人，如今仅仅是让机器生锈了，又怎么会找得到责任人呢？封建官僚体系的弊端再次显现。

纺纱厂办得不顺利，但是这并不妨碍张之洞继续他的纺织大业。他根据湖北湖南地区桑蚕养殖业比较发达的特点，打算建立利用机器缫丝的工厂。所谓缫丝，就是将蚕丝从蚕茧中抽出，只有抽出了蚕丝，才能用蚕丝生产高品质的丝绸。中国的桑蚕业最早出现在长江流域的中下游，距今已有四五千年的历史。春秋战国时期湖北湖南的桑蚕业就已经很发达，湖北江陵、湖南长沙楚墓中出土了不少质地良好的丝织品。

春秋战国时期的高品质丝绸产品是在不计成本的情况下生产出来的高端奢侈品，只能供应王公贵族使用。随着工业化的到来，人们开始用机器生产丝绸，这使得丝绸的生产成本大降，质量也能得到保障，丝绸也不再是价格高昂的奢侈品。然而，到了清朝末年，当西方已经实现了工业化的时候，在中国，包括湖南湖北在内的地区，其桑蚕业依旧在使用旧方法生产，不论是产量还是质量都不理想。工业化生产的丝绸对于手工生产的丝绸造成了极大的威胁，而在湖南湖北，却没有人想到把机器生产引入丝绸生产领域。在机器生产的丝绸的冲击下，手工生产的丝绸没了销路，许多人只能将蚕茧直接出售。出售原料的利润和出售成品的利润是不可同日而语的，这个道理张之洞自然清楚，他眼看着湖北湖南的大量优质蚕茧外销，心里很着急，于是就想到了把机器缫丝引进湖北，以提高效率和质量。张之洞希望先由官府办一些机器缫丝厂，以此引导当地百姓来跟着办，进而提升当地整体的缫丝工艺水平。

在引进缫丝技术这个问题上，张之洞似乎是比先前建铁厂要谨慎得多。他没有盲目自信，而是先行试验。当时上海已经有人开设了机器缫丝厂，他就派人带着湖北产的蚕茧去上海，在上海的缫丝厂做试验，看湖北的蚕茧适不适合用机器加工。经过验证，湖北产的蚕茧完全可以用机器缫丝，效果令张之洞非常满意。

从这件事上，至少可以看到张之洞的两个优点。

首先，他能够吸取教训。张之洞办铁厂时，因为盲目自信而随意引进设备，结果造成巨大损失，铁厂一建成，几乎就成了摆设，根本达不到预期效果。如今再办缫丝厂，他选择先试验再引进，可见他是吸取了铁厂的教训。这也说明他敢于承认自己的错误，如果他不认为自己错了，又怎么会吸取教训呢？在封建社会，像张之洞这样的上层官吏能认识到自己的错误，这是多么难能可贵！如果当时的中国统治阶级多一些敢于认错、能够反省的人，中国的复兴或许要早上半个世纪。

其次，这也说明张之洞是个重视百姓利益的开明官吏。张之洞一开始就表示，他办机器缫丝厂的目的是为了引导当地的百姓也跟着他办机器缫丝厂，以便改进工艺提高效率，创造更多的财富。试想，如果张之洞仅仅是为了办一批缫丝厂给自己充面子，他大可一纸命令让手下直接去买机器，买回来建成工厂就是。至于能不能用，对他的影响并不大，堂堂湖广总督，连价值近千万两银子的铁厂都能办，怎么会办不了一个缫丝厂呢？张之洞心里清楚，这些缫丝厂是要推广到民间的，如果机器缫丝不成功，将会给当地百姓带来巨大的损失。出于这种原因，他不得不慎重。面对与百姓利益相关的问题，张之洞能够慎重对待，这一点不得不令人称赞。

确定机器缫丝技术能够在湖北使用之后，张之洞便于 1894 年底在武昌附近购地建厂。为了找到一个合适的负责人，张之洞也是费了一番苦心。他要求这个人要了解机器缫丝行业，同时还得熟悉武汉的情况，为人要可靠，能力也要够突出。这样的人选在当时确实不多，张之洞手下的人虽然可靠，而且熟悉武汉，可是却不懂机器缫丝；上海和广东虽然有不少懂得机器缫丝技术的人，可是这些人多数又不熟悉武汉，至于靠不靠得住也难说。不过，张之洞就是有这样的运气或者说是魅力。经过一番挑选，他还真的找到了这么一个人。此人名叫黄晋荃，家道殷实，久居上海，他自己的缫丝厂已经开了一些年头，同时，他也在汉口经营自己的丝绸生意，熟悉武汉的情况。此人不仅是个商人，还是个候补的同知（知府的副职，正五品），也算是官方人士。这样的人张之洞满意放心。于是，在张之洞的授权下，黄晋荃以官督商办的名义开办了湖北缫丝局。

1895 年，湖北缫丝局建成投产，工厂里有 300 多名工人，每天可以生产上等产品 30 斤，普通产品近 20 斤。缫丝局的原料都是来自湖北当地，产品全部运往上海出售。

在人造纺织纤维出现以前，主要的天然纺织纤维有棉、麻、毛、丝四种，湖南湖北则是我国重要的麻产地。在当时，湖南湖北的麻生产和蚕丝生产一样，都是较为原始的手工生产。当张之洞在机器缫丝方面取得成功之后，他就开始把注意力放到了麻的生产上，他试图把机器引进湖南湖北的麻生产领域。就工艺而言，麻的生产要比棉、毛、丝更为复杂。在张之洞办机器制麻厂之前，中国没有一家类似的企业，他的制麻厂成为中国第一家。中国没有类似的企业，自然也没有此类人才，所以张之洞聘请了日本技师来负责制麻厂的技术，同时，又从德国进口了当时的先进制麻设备。由于制麻工艺较为复杂，这个制麻厂从开工到建成耗时五六年，资金投入达到70多万两，直到1906年才建成投产。制麻厂雇用了400多名工人，在规模上虽然远不及织布厂、纺纱厂，但是，它结束了中国没有机器制麻厂的历史。

随着织布厂、纺纱厂、缫丝厂、制麻厂的建成，武汉形成了较为完整的近代纺织体系，这在中国近代纺织历史上有着重要意义，武汉能够成为华中最大的纺织中心，张之洞功不可没。后来，由于清政府无力经营这些企业，只能完全交给民间人士来管理。此举在削弱清政府对国家的控制力的同时，也增强了民族资产阶级的力量，加速了清王朝的灭亡。

鼓励民族资本主义

张之洞在和商人合作时，虽然不喜欢商人们和他争夺对企业的控制权，但是，他并不排斥民族资本主义的发展。不过，需要强调的是，张之洞不是资本家，也不属于资产阶级，他支持民族资本主义的发展，从他的本意上看，是为了维护封建统治，为了更好地“中体西用”。由于张之洞对民族资本主义实行较为开明的政策，武汉迅速成为当时仅次于上海的全国第二大民营产业中心与商埠。

中国的民族资本主义是在中日甲午战争之后才有了初步发展。当时，一批民族资本家进入轻工业领域，创办了一批涉及普通百姓日常生活的企业。这当中有纺纱厂、面粉厂、火柴厂、烟草公司、葡萄酒公司等。这些企业都分布在为西方势力所把持的地区，其中以上海为中心。这种情况对于民族资产阶级来说，可谓是喜忧参半。喜的是西方资本主义势力有力地冲击了中国的封建势力，有利于中国资本主义的发展；忧的是西方资本主义的实力太过强悍，弱小的中国民族资本主义根本就无力抗衡。

张之洞所在的武汉，是中国最早对外开放的长江口岸之一。1858 年，在第二次鸦片战争中无力抗击英法联军的清政府，在天津被迫和英国、法国、美国等国签订不平等的《天津条约》，这一条约要求中国向西方开放包括汉口在内的众多港口，由此，长江成为列强可以随意进出的“国际水域”。在张之洞主政湖北时期，武汉地区的民族资本主义开始有所发展，这其中的原因很大一部分是因为张之洞。他在武汉办了大量近代企业，这些企业的出现，不可避免地影响到了当地人民，在客观上培养了武汉的民族资产阶级。再加上武汉九省通衢的重要地理位置，不少有能力的商人开始在武汉创办近代企业。对于这些人，张之洞给予了很多支持。

在张之洞的支持下，武汉出现了当时全国规模最大、销售量最高的火柴厂——燮昌火柴厂。燮昌火柴厂是一家名副其实的民族企业，创建资本都来自民间，没有官方资本。这样一家企业与张之洞有什么联系呢？

燮昌火柴厂是个“外来户”，它是由上海的企业家投资兴建的。1896年，在张之洞的经营下，武汉已经成为国内举足轻重的工业聚集地，再加上交通便利，使得许多民营企业家将目光投向了武汉。就在这一年，上海著名的企业家叶澄衷（1840—1899）以其敏锐的商业嗅觉，察觉到了进军武汉的必要性。当时，叶澄衷旗下产业众多，有五金业、航运业、火柴厂、缫丝厂、钱庄、票号等。在他众多的业务中，最具影响力的应当是火柴。

现代火柴是英国人在19世纪20年代发明的，后来随着西方的坚船利炮进入中国。由于火柴的使用非常方便，它很快就被中国人接受，成为居家的必备物品。火柴的市场巨大，所以，在资本主义发展较早的地区，一些有远见的中国人便开始创办火柴厂。中国的第一家火柴厂是由卫省轩于1879年在广东省佛山县创办的巧明火柴厂。到1900年，中国火柴厂有将近20家。然而，中国的火柴厂大多工艺落后，产量小，在市场上的份额有限，占据中国火柴市场最大份额的还是外国火柴，主要来自欧洲和日本。

早在1890年，看到火柴商机的叶澄衷便在上海开办了火柴厂，并且不断壮大。到1896年，随着武汉商业环境的改善，叶澄衷决定在武汉开办火柴厂。张之洞是当时的湖广总督，要在武汉开办工厂，没有张之洞的支持简直是不能想象的。于是，1896年，叶澄衷派出自己的得力助手宋炜臣（1866—1926）奔赴武汉，觐见张之洞，请求张之洞同意他们在武汉办工厂。

对于张之洞的态度，他们很难预判。张之洞自己在办洋务，他有可能为了武汉地区工业的发展而支持宋炜臣在武汉办工厂；但是，张之洞既然在办洋务，他也有可能为了自己的洋务事业而禁止其他人染指武汉的工业。比如说办个火柴厂，为了避免竞争他还能允许别人来跟他抢市场吗？张之洞到底会不会支持他们在武汉办火柴厂呢？带着种种不确定，宋炜臣来到了张之洞的面前。

面对堂堂湖广总督，宋炜臣也不敢有所隐瞒，他把他们计划在武汉办企业的想法和盘托出。张之洞则静静地听着，也不打断宋炜臣，他的面部也看不出是喜是恼。等宋炜臣说完，张之洞“啪”的一巴掌拍到了桌子上，宋炜臣被吓得一颤，在心里嘀咕，难道张之洞要发火了？不过，张之洞紧接着说出了一个“好”字。听到这个“好”字，宋炜臣的心算是放下了，看来张之洞不仅不反对他们，还很支持他们。张之洞告诉宋炜臣，办工厂救国是他的一大心愿，只不过这工厂的种类太多，他张之洞一人无论如何也办不全，他只能抓一些重要的来办，至于其他方面，有越多的人办，他越喜欢。

得到总督大人的许可，宋炜臣在武汉办燮昌火柴厂的计划进展得非常顺利。张之洞虽然没有拿出资金来支持他们，但是在政策上给了他们极大的便利。办工厂需要土地，张之洞就一下子给了他们75亩，相当于5万多平方米。为了能够保障燮昌火柴厂的盈利，张之洞还准许他们15年的专利权，从工厂开办起15年内不准其他人在该地区开办火柴厂。在税收方面，张之洞也给他们大开绿灯，凡是在湖北湖南销售的该厂火柴，一律由税务部门发给优惠的税票，征税额度非常低。据说，这个火柴厂投产的第一年就获利近25万银元，张之洞也称赞宋炜臣是个有为之士。

由于《马关条约》里允许日本人在中国开办工厂，所以，当日本的经济实力提升以后，他们就开始进行资本输出。日本商人看到火柴利润丰厚，就打算在汉口办火柴厂。对此不论是宋炜臣还是张之洞，都以专利权为依据，极力反对。日本方面无论怎么狡辩，始终得不到湖北当地政府的办厂许可，不得已，只能放弃。

1898年，日本人开始强行在汉口建租界，1906年，日本人的租界越建越大，他们看中了燮昌火柴厂的所在地，就把燮昌火柴厂也划到他们的租界里。张之洞虽然不能阻止日本人建租界，但是他也不会坐视燮昌火柴厂被日本人占据。日本虽然在甲午之战中打败了中国，但是，张之洞并不惧怕他们，对于日本人的蛮横无理，张之洞据理力争，绝不退让。双方互不相让，僵持了数年之久，最后，还是日本人妥协了。双方商定，日本人可以扩建租界，但是，决不能影响燮昌火柴厂的正常运营，火柴厂在日本租界内，要享有和日本企业一样的地位。正是由于张之洞的多方争取，才确保了燮昌火柴厂的正常运营，企业权益也不致沦入外人之手。

在张之洞的支持下，宋炜臣还在武汉开办了一家军需品生产厂，负责给张之洞的湖北新军生产军服、军帽、军鞋、军靴等产品。

另外，经张之洞授权，宋炜臣还在湖北开办了水电厂。这里说的水电厂，不是指水力发电厂，而是供水供电的工厂，为武汉市民提供自来水和电力。

汉口是中国较早开放的通商口岸，那里的洋人不仅经商，还大建租界。在中国的土地上，洋人按照他们国家的标准兴建租界，电灯、自来水等国外的先进事物，都被他们带到了中国。这些新事物很快就得到了当地人的认可，张之洞心里也是羡慕的，在广东时，他就想过要办这些企业，只是因为被调到了湖北而未能实施。

张之洞到武汉后，前期的精力多集中在办大型企业上，一时间还顾不上那些服务于民生的企业。后来，武汉当地有商人意识到了电灯、自来水市场广阔，有利可图，就向张之洞申请办电厂、水厂。张之洞虽然同意民间资本进入这些领域，但是，民间资本实在是太过弱小，不论是在技术还是在资金方面，都很难支撑。在这个时候，洋人看到中国方面要办水厂、电厂，便主动找上门来，希望帮助中国来办这些企业。洋人的“好意”张之洞是不敢接受的——这哪是什么“好意”，其实就是为了借机控制武汉当地的自来水和电力行业。若是真的和洋人合作了，那么以后武汉的用水用电都要由洋人来控制了，他们如果什么时候不高兴，给武汉来个断水断电，那还了得？既然国人无力兴办，那只好不办。此后，凡是有洋人提出要为武汉办水电厂的，张之洞一概拒绝。

到1906年时，办火柴厂的宋炜臣已经聚集了相当雄厚的资本，此时他看到武汉尚无电厂、水厂，便有心在武汉开办这些企业。宋炜臣把办水厂电厂的申请交到张之洞手上，张之洞在和宋炜臣就此事详谈之后，很快就批准了，而且还给他们拨款30万银元。要办水电厂，30万银元是不够的，宋炜臣又在民间筹集了300万银元。有官方的支持，又有充足的资金，水电厂办起来就顺利多了。

1908年，电厂如期建成发电，其装机容量在当时位居全国第三，仅次于上海、广州。此时，张之洞已经身在京城，他没能见到武汉被电灯照亮，但是，这又有何妨？他为国家富强所作出的努力，已经被世人看在眼里。

1909年，水厂建成。汉口人民成为中国最早用上自来水的一批人。自来水厂的建设虽然顺利，但是，自来水的推广却经历了一番波折。

自来水需要加氯消毒，这种方法的使用已经有100多年的历史，即便在今天也是常用的自来水消毒方法。用氯化法给自来水消毒效果好、费用低而且没有什么危害，但是有个问题，如果处理不当，就会有异味，使得口感不佳，尤其是在100多年前技术远不及今天先进的情况下，自来水的口感不好保证。

汉口市民对有异味的自来水有意见不说，而且社会上还流传有“吃自来水会烂肚肠”的谣言。为了消除市民对自来水的质疑，宋炜臣亲自上阵，他当着当地百姓的面，喝下自来水。有了宋炜臣的示范，自来水的推广就顺利得多了。

试想，一家企业，如果想让顾客相信自己的产品，首先是生产者自己要相信自己的产品，如果拿着连自己都不相信的产品去糊弄顾客，怎么会得到市场的认可呢？可是，这样的道理一些黑心商人却并不认可，他们竟然敢堂而皇之地制假售假。中国人进入近代商业领域已经有100多年的历史，可是，直到今天，市场上的假货依旧大行其道。如果能够多一些宋炜臣这样的商人，中国肯定会取得比今天更大的成就。

关于宋炜臣办的这个水厂，还有必要说一下它在民国时期的遭遇。民国初期，宋炜臣想扩建水厂，但是国民政府自顾不暇，国内局势动荡，筹集资金非常困难。为了维持水厂的发展，宋炜臣只得找外国借款。经过一番商讨，从日本方面拿到了一笔钱。这笔日本资金虽然缓解了水厂的问题，但是也使得日本方面有机会控制水厂。庆幸的是，在1914年，日元对银元贬值50%，宋炜臣便借机将日方资金全部退回，水厂的控制权重新回到中国人手中。

宋炜臣在武汉除了办过上述企业之外，还办了一个机器制造公司。到1907年时，交由盛宣怀商办的汉阳铁厂早已能够稳定生产，宋炜臣便想到利用汉阳铁厂产的钢铁来制造机器，他的想法得到了张之洞的支持。为了表示支持，张之洞把汉阳铁厂的旧机器拨给他们，同时还给他们拨款5万两银子。当然，张之洞拿出的资本对于办机器厂来说，起不到主要作用，但是，张之洞对民族资本主义的支持却是显而易见的。宋炜臣办的这个机器制造厂规模不大，但却是当时湖北全省少有的机器制造厂，进入民国后，这个工厂又进一步发展，甚至被称为当时全国第二大机器厂。

在张之洞振兴实业、发展工商的经济政策推动下，汉阳当地的一家名为“周恒顺”的手工作坊改建成了一家正规的机器厂。经过数年经营，这家由手工作坊改建的机器厂有70部机床，并用蒸汽机做动力，陆续生产出蒸汽机、卷扬机、抽水机、蒸汽抽水机、制茶机、造币机、煤气机、轮船等多种机器产品，一时声名鹊起，在武汉，这家机器厂仅次于宋炜臣办的机器厂。这家机器厂的历史长达半个世纪，直到新中国成立后实现公私合营。在抗战时期，这家机器厂与当时中国知名实业家卢作孚（1893—1952）合作，双方在重庆建厂，维修船只，制造机器，为抗战做出了自己的贡献。

为了振兴民营工商业，张之洞还主动采取了一系列措施。

张之洞开办了汉口商务公所，他希望通过汉口商务公所促进当地工业的发展。张之洞认为，用官府命令劝民间办工业，效果并不好，不如用商业利益引导民间办工业。如果某种产品的市场销路好，利润足，自然会有许多人跟着去办工厂、生产这些产品，如此一来，随着时间的推移，产品的质量会越来越好，工艺也会越来越精湛。张之洞设的这个汉口商务公所可以看作是一个商品展览会，为湖北的商人提供了一个交流产品的平台。

为了传播近代商业理念，联络当地商人的感情，张之洞还成立了一个汉口商务局。张之洞希望通过这个商务局启发当地人的商业智慧，引导当地商业的发展。汉口商务局由官府出资运营，后来发展成为汉口商务总会，是乡绅和商人维护自身利益的商业性社团组织。在辛亥革命时，这个组织曾全力支持革命。

此外，张之洞还设立了商学和商会。所谓商学，指的是研究货物的生产、销售；商会则是用于相互联络、沟通信息。另外，在张之洞的倡导之下，湖北出版了《湖北商务报》，以促进商务的发展。这份报刊刊载的信息非常丰富，有官方的公文、湖北当地商业新闻、外省商务新闻、各国商务新闻以及从西方报刊上转载的报道。

1902 年，张之洞还设立了两湖劝业场。这个劝业场分为三部分，一部分用来展览湖北当地的商品，一部分用来展示外省以及国外的商品和机器，还有一部分用来展示湖北湖南的自然资源，包括矿产、农副产品等。

在张之洞的鼓励下，民营工商业有了较大的发展，在许多方面都处在国内领先地位。据统计，1895 年至 1913 年，武汉地区的工矿有 28 家，仅次于上海，领先于天津和广州。武汉的民营工矿不仅在数量上占据优势，即便在资产总额上也是仅次于上海。

1906 年，汉口一地的进出口贸易额就占到全国 12%，几乎达到了上海的水平。在张之洞于湖北执政的最后几年，湖北的进出口贸易额始终位居全国第二，紧跟上海。当时，有人称武汉为东方的芝加哥（1870 年到 1900 年间，芝加哥的人口从 29.9 万猛增到 170 万。当地的制造业和零售业成为美国中西部经济的主宰力量，并在很大程度上影响了美国的经济）。清末的武汉取得如此巨大的发展，张之洞有着不可磨灭的贡献。

5

发展交通　开办电讯

今天的京广铁路毫无疑问是中国最为重要的陆上交通线，它将北京、石家庄、郑州、武汉、长沙、广州连成一线，使中国腹地连为一体，不论是战略意义还是经济意义，都无可替代。2012年12月26日，紧邻京广铁路的京广高铁全线开通运营。从北京坐高铁到广州的旅行时间缩短至8小时，实现了朝发夕至。随着京广高铁的开通，京广线的重要性进一步提升。从京广铁路开工建设至今，已有百余年历史，这期间，京广铁路的路基、枕木、铁轨早已不知更换过多少次，但是，张之洞作为这条铁路的发起者，他的功绩是不会被忘记的。

京汉铁路

1889年，朝廷把已经52岁的张之洞从广东调到湖北，最主要的一个原因，就是让他在武汉主持修建从汉口到北京的铁路。为了完成这个任务，张之洞还不惜血本建成了汉阳铁厂。

现代铁路起于1825年，源于英国，它一出现，就得到了西方各国的认可。在19世纪前期，列强都进行了铁路建设，并且在几十年内都建成了各自的主要铁路网。英国是这一时期的领先者，1890年英国全国性铁路网已形成，路网总长达32000公里。

当铁路出现在中国时，已经是它诞生50年之后的事了。1876年，英国商人在上海修建了中华大地上的第一条铁路，长度只有十几公里。然而，对于铁路这种新生事物，保守的清朝官员以及观念落后的当地百姓都难以接受，他们认为铁路会破坏风水。而且，铁路在运营过程中出现交通事故，压死了路人，这令当地人民更加难以接受。最终，当地民众群起反对铁路，清政府也不愿意接受这种新事物。英国人不甘“损失”，于1876年10月，与中方议定，由清政府用28.5万两白银买下了这条铁路。铁路被买回后，清政府立即组织人力拆毁了这条铁路。

此后数年，中国一直没有再建铁路，直到1881年唐胥铁路（唐山到胥各庄）的兴建。当时，李鸿章在唐山办开平煤矿，由于没有充足的运力运送煤炭，不得已铺设了这条铁路。通车后，大清朝廷担心火车的蒸汽机车头会破坏龙脉，要求不能用机车牵引车厢，只能用骡马牵引。后来，随着开平煤矿的产量不断提高，骡马已经拉不动满载的车厢了，李鸿章只得不断向朝廷请示，希望能够用蒸汽机车。为堵住顽固派之嘴，技术人员在机车头上刻了一条龙，称之为“龙号”机车。最终，朝廷同意了使用蒸汽机车来牵引车厢。

唐胥铁路之后，中国陆陆续续修了一些短程铁路，到1894

年，在近20年的时间里仅修建了约400公里的铁路。中国铁路的快速发展，要从张之洞到了武汉之后说起。

早在1880年，时任直隶提督的刘铭传（1836—1896）就上书朝廷，希望能够以北京为中心，修筑铁路网。但是，当时铁路在中国还是禁忌，朝廷无法接受在全国大建铁路。刘铭传的提议被彻底否定。

中法战争时期，张之洞主政广东。战争中兵贵神速，可是，当时落后的交通系统严重影响了向战场调兵遣将的速度，张之洞深感落后的交通对国家的限制。不论是朝廷还是地方大员，都开始意识到建铁路的重要性。铁路已经到了非建不可的地步了，问题是怎么建？最好的选择就是像刘铭传提出的那样，在全国各地都建铁路，可是，当时朝廷的经费非常有限，根本建不了那么庞大的工程，只能先建最重要的线路。

李鸿章认为，要先把北京和天津之间的铁路给建起来。他这个提议，旁人一眼就能看出是为了他自己打算。他李鸿章在天津经营多年，铁路建成，自然方便他和北京的联系，对于巩固他的势力也是有利的。当李鸿章提出这个建议后，立即遭到了朝臣的反对。最有力的理由就是如果京津之间建了铁路，万一洋人再从海上打过来，他们在天津登陆后，可以直接通过铁路达到北京，这对于北京的防御而言，将会是灾难性的。

除了李鸿章之外，其他一些地方大员也上书发表关于建铁路的意见，但是，都不符合朝廷的意思。正当众说纷纭之际，1889年，时任两广总督的张之洞也上书陈说关于建铁路的想法。他提出，如果要建铁路，应该先建一条从北京到武汉的铁路。

张之洞此议一出，朝廷上下都甚感意外：这个两广总督竟然不想着把铁路修在两广！和李鸿章的动机相比，张之洞的动机确实纯粹了许多，他考虑的更多的是整个国家的战略布局，而非他辖区内的得失，这让朝廷很是满意。而且张之洞关于建铁路的计划也很周详，利弊得失分析得头头是道。最终朝廷同意了张之洞建铁路的计划。

张之洞计划中的这条铁路从北京的卢沟桥修到武汉的汉口，中间经过河北、河南、湖北。这一带是中国传统的腹地，为广义上的中部地带，战略位置极其重要，历来是兵家必争之地。修通这样一条铁路，对于加强清政府对这一地区的控制极为有利。同时，这一地区物产丰富，铁路修通后，将会极大地促进当地经济的发展。这条铁路最初称为“卢汉铁路”，建成后称为“京汉铁路”。1928 年，蒋介石的国民政府实现了中国形式上的统一，定都南京，北京改称为北平，这条铁路随即改称为“平汉铁路”。

为了确保铁路的建设能够顺利实施，朝廷还将张之洞由两广总督调为湖广总督。关于张之洞修京汉铁路，有人认为这是张之洞为了巩固他在湖北的地位，其实这完全是污蔑。张之洞是因为修铁路才被调往湖北，他到湖北的主要职责就是修铁路。张之洞修京汉铁路并无私心，只为公义。

在张之洞的计划中，朝廷每年拨款 200 万两银子，同时再建成汉阳铁厂，为铁路提供钢材。可是，谁知世事难料，正当他紧锣密鼓地筹备铁路建设时，北方的俄国也在抓紧修建西伯利亚大铁路，形成了对东北的严重威胁。东北是满清的发源地，朝廷无论如何也不能无视东北的危机。于是，朝廷改变命令，把京汉铁路的建设费用拿来建东北的铁路。一时间，京汉铁路的建设便被搁置了。

1895年，张之洞再次要求朝廷修京汉铁路。对于经费问题，张之洞提出可以通过招募民间资本来办。结果呢？风雨飘摇的大清朝早已失去了人心，那些富商根本就不信任清政府。无论朝廷怎么呼吁商人爱国，就是筹不到钱。不得已，张之洞只能铤而走险。他找来盛宣怀，由盛宣怀出面，借洋人的钱来办铁路。

张之洞要找外国人借款办铁路的消息传出后，美、英、法等国像是闻到了肉味的饿狼一样扑到张之洞面前，都希望和张之洞合作办铁路。

这些洋人怎么会这么喜欢帮中国人建铁路呢？这当然不是洋人好心，而是他们另有目的。其中有一家美国公司提出，中国方面可以将建设铁路的事完全交给他们，中国方面不需要出钱也不需要出人。他们的要求是等铁路建成后，铁路的收益要双方平分。

这个提议看似对中国有益无害，实则百害而无一益。一条铁路，表面看就是用于运输，洋人也就是挣点运输费，但是，铁路不仅能够运输货物，还能运输兵员和武器，而运输甚至可能直接影响战争结果。

另外，铁路建成后，洋人一旦要求派兵保护铁路线，那么，铁路沿线将成为国中之国。20世纪初，日本在中国东北的扩张就是以铁路为基础的。日本以保护东北的铁路为由，派兵驻扎铁路沿线，这些部队逐渐发展成为日本的"关东军"，在日本侵华战争中，他们罪恶滔天。

对于铁路的价值，身为朝廷重臣的张之洞自然不会只看到那些运输费，他深知铁路所带来的战略价值。所以，对于英、美、法等国提出要给中国修铁路的建议，急需用钱的张之洞毅然拒绝了他们的提议。这些西方大国一个个都对中国有着极大的野心，和他们合作办铁路，无异于引狼入室，张之洞早就看穿了他们的用心，他是绝不会给他们机会的。

不能找英、法、美这些西方大国合作办铁路，可是修筑京汉铁路又刻不容缓，张之洞该如何是好呢？经过一番考虑，张之洞提出了一个看似能够折中的办法——找可以满足要求的西方小国来办。张之洞认为，西欧各国的铁路技术都已经很成熟了，不论是英、法这样的大国，还是那些夹在英、法之间的小国，都能提供用于修铁路的资金和技术。同时，和英、法这样的大国相比，欧洲的小国因为国小，根本无力入侵中国，他们对中国没有太多的政治目的。如果和他们合作办铁路，一来可以解决资金和技术的问题，二来也可以避免洋人在政治上对中国的影响。

经过一番考察，张之洞认为比利时是个可以合作的国家。比利时是欧洲较早开始工业革命的国家，到 19 世纪末，他们的工业水平不在英、法之下。比利时也是个典型的欧洲小国，国土面积只有 3 万多平方公里。这些条件都符合张之洞的设想。

1898 年 6 月，张之洞和比利时方面关于修建铁路的协议终于达成了。张之洞向比利时方面借款 1.125 亿法郎，用于修建北京到汉口的铁路。然而，这个协议终究是没能摆脱列强的政治要求。比利时虽然无意侵占中国，但是，一些对中国图谋已久的国家却借比利时之手染指中国的铁路，攫取政治利益。法国、俄国等国怂恿比利时向中国提出对铁路的控制权，比如，比利时要求在借款期内，由比利时方面派人来经营运作铁路，这就侵犯了中国的路权。

按照计划，铁路从北京和汉口两头同时施工，经过 4 年的修筑，卢沟桥到保定、汉口到信阳的铁路建成通车。比利时方面为了加速工程进度、节省费用，便偷工减料，擅自降低铁路标准。由于铁路建设过程中由比利时方面监督，中国方面对铁路质量无能为力，这就使得铁路的建筑质量极低。例如黄河大桥，该桥由比利时方面设计，是整条铁路上最大的桥梁工程。可是，即便如此重要的工程，比利时方面也应付了事。为了加快工程进度，他们在给大桥打基桩时，没有使基桩达到预定的深度，工程尚未结束，就有8个桥墩被黄河水冲走。由于桥的质量低，火车无法高速通过，只能以10~15公里的时速小心翼翼地驶过大桥，桥墩也需要经常加固，以便应对每年的汛期。这条铁路的问题还远不止一座黄河大桥，整条铁路长达1200多公里，长度20米以上的大中型桥梁有120多座，虽然这些桥梁都是钢结构，但是，桥的设计却千差万别，这就导致桥的承重量各不相同，对火车的运营造成了很大的影响。这条铁路最令人欣慰之处应该就是钢轨了，经过盛宣怀整顿后的汉阳铁厂，为这条铁路提供了绝大多数的钢轨。

1900年，八国联军打进北京城，第二年，法国侵略者擅自把铁路从卢沟桥延长至北京城的正阳门外。他们这一举动虽然多给中国建了几十里的铁路，却也进一步加深了中国的半殖民地化。1906年，铁路全线铺设完毕。朝廷派张之洞和时任直隶总督的袁世凯一起验收铁路，由于铁路已经延长到北京城下，所以铁路这时改称京汉铁路。

京汉铁路建成后，为中国的发展，尤其是中部地区的发展提供了便利条件。随着铁路通车，武汉不再是长江流域中仅充当横向传导的角色，纵向的铁路线在缩短了时间和距离的前提下，还有成百上千吨的运载力，这更加有力地推动了汉口商业贸易的发展。当时，一位到过汉口的英国人指出，中国内地商人很快地利用起这一改善了的交通条件，通过汉口把湖南、湖北、河南等省的农产品迅速地散往全国各地。

这条铁路的建成还直接促进了许多城市的出现。现在的河北省会石家庄、河南省会郑州，都是伴随着京汉铁路而出现的城市。

石家庄在京汉铁路通车以前只是一个小村庄，京汉铁路在这里设立了一个火车站。1907 年正太铁路（正定到太原）通车，并在石家庄和京汉铁路连接起来，石家庄的重要性进一步增强。伴随铁路线的通车，一批近代工业相继在石家庄兴办。近代大工业的兴起，大大促进了石家庄城市化的进程。如果当初没有把火车站设在石家庄，也就不可能有今天的这个大都市。

郑州能够超越洛阳和开封这两大古都，成为河南最大的城市以及省会，这也要归功于京汉铁路。在历史上，洛阳和开封都曾经是世界上最大的都市，郑州只是夹在洛阳和开封之间的一个叫作郑县的小县城。1904 年，第一列火车沿着京汉铁路的铁轨驶进郑县，由此，一个大都市开始出现了，火车让郑州开始了百年来的跨越式前进。

京汉铁路通车后，很快就实现了可观的盈利，其重要性也日益显著。此时，全国各地的爱国运动也是此起彼伏，在这样的背景下，国内民众纷纷要求清政府收回京汉铁路的控制权。在民意的压力下，清政府几经周折，终于在 1909 年 1 月，拨官款 500 万两白银，再向英国汇丰、法国汇理银行借款 5 万英镑，还清了京汉铁路借款，收回了京汉铁路的管理权。至此，这条让张之洞耗费大量心血的铁路总算是为中国所有。得知这一消息的张之洞也是倍感欣慰。

京汉铁路对中国的影响还不止于此。1923年，爆发了京汉铁路工人大罢工。这是中国共产党领导的第一次工人运动高潮的顶点。它进一步显示了中国工人阶级的力量，扩大了共产党在全国人民中的影响。罢工虽然失败了，但是工人的生命和鲜血进一步唤醒了中国人民，使他们更加清楚地认识到帝国主义和封建军阀是中国人民的敌人。

京汉铁路所带来的这一切，对中国影响深远。张之洞作为铁路的发起人和建造主持者，可以说居功至伟。抛开张之洞为中国的发展所做的种种努力，单是这一条京汉铁路，就足以让张之洞名垂青史，“铁路主办元勋”这个称号，他当之无愧。

粤汉铁路

张之洞提出的京汉铁路在1896年进入建设实施阶段，此事在当时的中国引起了修筑铁路的热潮，全国上下在心理上都不再排斥铁路，民间资本也跃跃欲试，想要进入铁路领域。于是，京汉铁路的修筑计划敲定之后，粤汉铁路也被提上议程。最初的粤汉铁路是计划从武汉经江西进入广东。但是，湖南当地乡绅强烈呼吁将粤汉铁路改为经湖南进入广东，他们指出，江西地势不利于修筑铁路，而且，铁路经江西进入广东线路比经湖南进入广东要长。张之洞等人在经过分析后认可了湖南方面的提议，决定将粤汉铁路改为由湖南进入广东。

湖北、湖南、广东三省的民间人士对于粤汉铁路的修筑计划都很支持，他们还提出由他们自行筹款，修筑这条从广州到武汉的铁路。这条铁路将连接广州、长沙、武汉，其重要性不亚于京汉铁路。铁路全长也将超过1000公里，仅次于京汉铁路的长度。对于民间资本修筑铁路，张之洞并不反对。他当时就曾想过筹集民间资本修京汉铁路，只是清政府民心大失，得不到民间的响应。张之洞虽然不反对民间资本进入铁路领域，但是，他怀疑民间是否有足够的财力来承担这么庞大的工程。他主张和修京汉铁路一样，采用官督商办的办法，由官府出面，找商人来代办。

对于修筑粤汉铁路，朝廷是赞同的。朝廷准许鄂、湘、粤三省的民间资本来办，但是要由官方来主持。朝廷此举，一则可以避免路权被洋人把控，二则能够减轻朝廷的负担。

然而，民间资本太过分散，而且确实也难以应对粤汉铁路这种庞大的工程。1898年，朝廷决定按照办京汉铁路的办法办粤汉铁路。也就是说，朝廷不再寄希望于民间资本办铁路了，最终还是要靠借洋债来办粤汉铁路。

办京汉铁路时张之洞以为找比利时这样的小国可以减少政治上的纠葛，谁曾想法、俄等国暗中插手，损害了中国的路权。有鉴于这样的教训，张之洞决意办粤汉铁路时，一定要摆脱英国、法国、德国等国的干扰。当时，在华的西方列强以英、法、德、俄势力最大，政治目的最明显，如果任由他们进一步控制中国的铁路，那么，他们的势力必然要大涨，中国也就更加危险。经过一番考量，张之洞等人认为在列强当中，由美国办铁路，相对来说更合适。

当时美国的工业水平已经处于领先地位，不过，那个时候的美国还没有对外扩张，其原因主要是扩张的时机尚不成熟。当时，对外，有英、法这样的老牌资本主义国家的压力；对内，美国还在忙着和墨西哥的领土纷争。总之，当时的美国暂时对中国还没有太大的野心。张之洞认为，和美国人办铁路，一来可以制衡英、法等国；二来也能减少政治上的损失。

确定了借款方向之后，1898 年由盛宣怀出面，经驻美大使伍廷芳联络，一下子就向美国方面借了 400 万英镑，相当于 2800 万两白银。在借款之前，张之洞等人看到美国对中国暂时没有表现出太大的野心，但是，没有表现出野心不等于没有野心。和美国人谈判借款时，他们的条件不比英、法少，唯一让人稍感心安的是，美国还没有占领中国的土地。在合同里，美国人要求派美方人员参与线路勘探、筑路，还要由他们控制火车的运营。中国若要收回路权，必须先将借款全部偿还。和美国的合同虽然有诸多苛刻条款，但是张之洞还是咬牙签下了，毕竟，这在当时的条件下，已经是最有利的选择了。

然而，合同签订之后，美国方面并没有开始工程建设，他们提出，经过勘测，400 万英镑远远不够修这条铁路，要想修成铁路，款项必须加倍。另外，他们还要求清政府准许他们在铁路沿线开矿，同时，还得把铁路延伸到香港的九龙半岛。

美国人得寸进尺、贪得无厌，这让张之洞十分反感。但是，个人情绪终究要服从于整体的战略布局。张之洞想通过由美国人修粤汉铁路来牵制英、法、俄在中国的扩张，而且，修成粤汉铁路，也确实有利于中国的发展。1900 年，八国联军侵华，清政府希望用粤汉铁路换取美国的支持。而负责与美国人协商具体合同条款的伍廷芳也担心美国人再次变卦，提出更苛刻的要求。多方权衡之后，朝廷同意了美国人修改合同的要求，张之洞、李鸿章、盛宣怀等人急电远在美国的伍廷芳，通知他可以和美国方面签约。1900年7月，新的合同正式签订。

这一合同与原来的条约相比，借款额度由原来的400万英镑变成4000万美元，折合银两5300万两。合同还给了美国人很多的垄断权利，例如，不许中国方面再修筑可以和粤汉铁路争夺生意的新铁路，不能修筑和粤汉铁路平行的铁路。合同里虽然没有明确答应美国人要求的在铁路沿线采矿的权利，但是却准许美国人在铁路沿线驻兵保护铁路，同时，还准许美国人在铁路沿线发展与铁路相关的企业。同时，合同里也明确规定，这条铁路必须由美国方面修筑，美国不得转让铁路的修筑权，这就把美国和粤汉铁路绑到了一起。由此，粤汉铁路沿线成了美国的势力范围。

在和美国人签订的这份合同中，中国损失巨大，这当中除了美国人的唯利是图，很大一部分原因在于中国观念的落后。比如张之洞等人分不清借款和入股的区别。如果是向洋人借款，那么中国方面只需要还款即可，美国方面也只能收取利息和本金，至于铁路的经营权美国人则无权过问。如果是入股，就要另当别论了。洋人入股才会涉及对铁路的控制权，但是，这要根据其所占股份的多寡来确定其权力的大小，洋人的股份超过50%，他们才能真正控制铁路。而洋人选择入股的话，他们就得自负盈亏，投资铁路的款项只能通过经营铁路来收回，中国方面也就没有还款的义务了。可是，在这些合同里，根本就没有区别借款和入股，中国方面不仅要还款，还要交出铁路的经营权，洋人既是债主又是股东，他们可以获得最大的收益，却规避了所有的风险，这在现代企业制度里，根本就是不可能存在的。这个问题在当今自然可以说得清楚看得明白，但是，在百余年前那个刚刚开始接触新世界的时代，就算是张之洞这样的封疆大吏弄不明白，也是可以理解的。

中国方面一再退让之后，最终和美方签订了这样一个毫无平等可言的合同。合同规定，美国方面要在1903年修完粤汉铁路。然而，到1903年，美国人仅仅修了广州到佛山的支线，干线则分毫未动。更让人震惊的是，美国方面擅自将铁路三分之二的股权转让给了正在修京汉铁路的比利时，而比利时的背后则是法、俄，此举使得张之洞借美国制约法、俄的战略意图失去了意义。美国人公然违约的做法在中国引起了轩然大波，不论是政府还是民间，都要求废除和美国签订的筑路合同。1903年下半年到1905年秋，以收回粤汉铁路为中心的保路运动轰轰烈烈地展开了。

参与此次收回粤汉铁路运动的人，既有张之洞这样的满清高官，也有远在美、日的中国留学生，还有国内的乡绅地主以及广大普通民众。可以说，这是一次从上到下广泛参与的爱国运动。张之洞就曾给当时的驻美公使发电报，指出美国人违约在先，中国自然也就没有履行合同的必要了。他希望中方代表能够据理力争，不要再妥协。

美国违约在先，中国要废约，这是合情合理的要求，但是美国方面得知后却坚决不同意。他们先是和在美国的中方代表争论合同，然后又派人到中国来游说，希望中国履行合约。美国还提出，可以由美国方面把出售给比利时的股份再收回来。但是，中方已经决定废约，所以，任凭美国人如何狡辩，中国都不同意继续执行合同。美国人见到软的行不通，便撕下他们和善的面具，露出尖利的牙齿。美国政府出面干涉，他们无视美方违约在先的事实，而是一再强调美国政府有保护美国人利益的义务，要求中国政府执行合同。

在这里我们可以来对比一下美国政府和清政府。美国政府对外毫无疑问是个资本主义的强盗，他们凭借强大的国力，无视基本事实，强行抢夺利益。但是，美国政府对内却是个可靠的保证，美国的利益受到损失时，美国政府当即就站出来维护本国的利益，即便是用蛮不讲理的方式也在所不惜。再看清政府，国内想要自己修铁路，结果他们不信任国内的力量，不仅压制民间修铁路的举动，还转手把铁路的修筑权送给了美国。对内，清政府暴露的是它仇视民众的一面；对外，人们则看到了它讨好列强的一面。如此作风，清朝不亡，当真是天理不容。

正当全国上下一致要求收回粤汉铁路时，参与铁路修筑的盛宣怀等人却提出了修约。他们从政治经济角度考虑，准备接受美国人关于粤汉铁路的新提议，和美国人妥协，不废除美国人修筑粤汉铁路的权利。可是，盛宣怀等人却被国内舆论爆出了受贿的丑闻。据称，他们接受了美方的贿赂，因为拿了美国人的好处，才同意和美国修约。

在收回路权的关键时期爆出这样的事情，这再次引起了社会上的强烈反应，人们对粤汉铁路的修筑合同更加不信任了。在社会舆论的压力下，朝廷要求盛宣怀不要再参与粤汉铁路相关事宜，由张之洞主持粤汉铁路。张之洞主张废除合同、收回路权，这一点和广大民众是一致的，这使得张之洞得到社会上的广泛支持，废约一事有了进一步保障。

这时，清政府也下定了废约的决心，不过为了减少美国政府的阻力，清政府把“废约”改为“赎约”，准备以赎回的方式废除粤汉铁路借款合同。1905 年，在张之洞的主持下，“赎约”一事有了实质性进展，美国方面同意了中国“赎约”的条件，清政府以675万美元“赎回”了粤汉铁路。这笔钱折合成银子有700万两，这么一笔巨款，不论是朝廷还是张之洞，都拿不出来。经过张之洞一番考虑，这700万两由湖北、湖南、广东分摊：湖南湖北各200万两，广东300万两。至此，粤汉铁路路权的问题才算是解决了。

然而，此时的清政府连国库都空无一物，地方财政又怎么会有银子呢？为解燃眉之急，张之洞不得已再次向西方借款。他通过英国驻汉口的领事，从香港借来了110万英镑，作为向美国赎回路权的费用。和英国人的借款合同利息较低，还款方式也较为合理，这也许能算得上是张之洞在借款上的一次进步吧。

赎回粤汉铁路的爱国举动固然值得肯定，但是，这也给粤汉铁路的继续修建带来了极大的不便，因为当时的中国无论是技术还是资金，都难以在短期内办成粤汉铁路。后来的事实也证明了这一点，直到1936年，粤汉铁路才建成通车，工期长达30多年，而京汉铁路的建设工期则只有8年。

粤汉铁路赎回后，朝廷和民间对于如何再修这条铁路产生了分歧。鄂、湘、粤三省民众要求由三省共同集资办铁路。而朝廷，尤其是以张之洞为代表的一批官员，依然不相信民间能办成铁路，他们倾向于官办或者官督商办。张之洞虽然主持粤汉铁路的修筑工作，但是铁路是要修在鄂、湘、粤三省的，如果不能和当地乡绅达成一致，铁路将很难修筑。乡绅阶层是封建时代中国社会的核心，他们是底层百姓的领袖，同时又是统治阶级政令的传达者，居于承上启下的地位，只有稳住他们才能稳住中国。张之洞自然懂得这个道理，所以，在当地乡绅的一再要求下，他也只得放弃官办的想法，允许三省自办。

在鄂、湘、粤三省讨论自办铁路时，又产生了分歧。广东不愿意合办，他们认为，各省的情况不一样，各省境内的铁路应该由各省独自负责，大家互不干涉，最后连起来就是。广东不同意，张之洞自然不能勉强，只好让各省独自去修。1906年，三省确定了自办铁路的方针，广东的那部分铁路采用商办的形式，湖南的则是官督商办，湖北的采取官办。

广东的铁路商办，可是在筹钱的时候广东的乡绅矛盾不断、冲突连连，资金不能及时到位，严重影响了铁路的进度。从1906年到1911年，广东只修筑了85公里的铁路，但是却花费了近1500万两银子。在商业模式不成熟的时期，商办的难度可见一斑，张之洞怀疑铁路商办的可行性，看来也不是没有道理的。

湖南湖北的铁路办得也不顺利，资金始终是困扰工程进度的最大难题。湖南用了两年时间，也只修成了50公里，湖北境内的铁路更是迟迟未能动工。粤汉铁路的进度如此缓慢，这让张之洞无法忍受，他再次提出借款筑路。面对严峻的现实，朝廷也只能准许张之洞借款来办铁路了。1908年7月，朝廷任命张之洞为督办粤汉铁路大臣，如此一来，借款办铁路的大权便握在了张之洞的手里。

1908年12月，张之洞和英国方面谈判借款筑路一事，英国方面意在独揽铁路承办的权力，而张之洞则吸取了从美国借款的教训，对于英国方面的过分要求他坚决不予应允。同时，张之洞又和德国方面谈判借款修路，并且取得了实质性进展，签订了草约。得知此事的英国人大为恼火，他们一方面向清政府发出外交抗议，另一方面又联合法国和德国竞争。清政府既不敢得罪英法，也惹不起德国，只好三家都借。1909 年 5 月，张之洞和英、法、德三国的银行签订了借款合同，总计借款 550 万英镑，英、法、德三国各占三分之一。

可是，当张之洞向三国借款筑路的消息传到美国后，美国人生气了，他们认为，美国在中国享有最惠国待遇（这是在历次不平等条约中列强获得的特权），英、法、德享有的权利美国也应当享有。为此，先是由美国国务卿出面抗议，反对中国只向英、法、德借款修路，后来，就连当时的美国总统都出面给清政府施压。与此同时，美国派出代表去找英、法、德三国，协商共同向中国贷款筑路。最终，清政府同英、法、美、德四国的银行团达成新的贷款协议，贷款额度由 550 万英镑提高到 600 万英镑，四国平分。

然而，在 1909 年 9 月，张之洞去世了，湖南湖北的乡绅也极力反对借款筑路，一时间，这份新的贷款协议只能推迟。但是，英、美、德、法四国共同对清政府施压，清政府无力反抗，只能在 1911 年 5 月，正式签下了这份合同。

单就这份借款合同而言，这应该是历次借款合同中最公平的一次。张之洞在谈判时，吸取了跟美国借款的教训，非常注意保护铁路的主权，而且强调是借债不是入股，防止了四国以股东的名义侵犯中国的路权。合同的内容也只涉及经济利益，不牵涉政治行为，更符合商业合同的本质。可以说，这份合同与那些出卖路权的合同有本质区别，张之洞很好地保护了国家利益，这是一份相对公平合理的借款合同。

1912 年，民国政府成立，新政府承认了清政府和外国签订的各项条约，粤汉铁路的贷款合同也继续执行。1911 年，完成长沙至株洲段；1916 年 6 月，完成广州至韶关段；1918 年 9 月，完成武昌至长沙段；直到 1936 年 8 月，粤汉铁路全线才竣工。

电讯事业

电报的出现对人类的通信产生了深远的影响，张之洞也早就意识到了电报的价值。他在两广总督任上时，就已经开始培养自己的电报人才。接任湖广总督之后，张之洞又在湖北湖南大力发展电报事业，架设了一批电报线路。湖南湘潭市的文物部门就曾在湘江之滨的荒滩上，发现了一座建于 1898 年的电报通信塔楼。经考证，这座塔楼便是张之洞在任时所建立，为当时湖北至湖南电报线路上一座重要的中转设施。

这座电报通信塔楼是一幢高约 10 米的两层青砖建筑，保存尚完整。电报楼房檐装饰、门窗设计等具有明显的西式建筑风格。电报楼内，有木质地板和楼梯，西侧靠近窗户的墙体上，尚存 8 个穿墙而过的弯头瓷筒，是当时接纳通信线缆所用。当时，纵贯两湖地区的有线电报线路在湘潭市跨越湘江。这座电报塔楼就是当时两湖通信网络中的一个重要组成部分。据史料记载，当时每天有专人在此负责接收传输电报电话。塔楼连接的通信电缆则埋在湘江江底，穿江而过，连接电报塔楼。这座电报通信塔楼在 20 世纪中叶逐渐被废弃。

电报和传统的通信方式相比，确实方便了很多，但是，电报也有一个问题，那就是操作不便。电报只能传送特殊的编码，要发电报，首先要把需要发送的内容转换成可以通过电报传递的特殊编码，通常使用的编码是摩尔斯电码，在摩尔斯电码的基础上又衍生出了许多加密电码。对于接收电报的人来说，他们接收到的不是文字，而是普通人根本就看不懂的代码，这些代码还得经过他们的翻译，才能供普通人阅读。这也是张之洞为什么要在广东办专门的电报学堂的一大原因。

电报的这种特性极大地限制了它的使用范围，只有专业人士才能运用自如。同时，不断的编码译码也需要耽误不少的时间。所以，尽管在19世纪30年代就有了电报，但是，人类并不满足于电报这种信息传递方式，一批又一批科学工作者不断地尝试制造出一种可以让普通人也使用的、和电报一样快捷的通信方式。

1876年，美国人贝尔制造出了第一部可以使用的电话，他也由此被公认为电话的发明人。此后，在包括爱迪生在内的众多研究者的努力下，电话逐渐走出实验室，走进寻常百姓家，时至今日，电话已然成为人们生活中必不可少的一部分。

电话发明时，西方势力已经开始大肆侵入中国，电话这种新发明也随着西方的入侵进入中国，并为中国人所熟悉。1881年，英籍电气技师皮晓浦在上海十六铺沿街架起一对露天电话，付36文钱可通话一次，这是中国的第一部电话。1882年，丹麦大北电报公司在上海开通了第一个人工电话交换所。虽然在此之前就已经有中国人尝试自办电话，但是都没能投入实际使用。因此，中国的第一部电话只能说是外国人设立的。当时使用电话的用户有20多家，每个话机年租金为银元150元。这在当时绝对算得上是奢侈品，只有上层社会才能使用。1889年，安徽省安庆州候补知州彭名保，自行设计了一部电话，包括自制的五六十种大小零件，成为我国第一部自行设计制造的电话。这部中国人制造的最早的电话取名为“传声器”，通话距离最远可达300华里。

1900年，南京首先自行开办了电话局，以后苏州、武汉、广州、北京、天津、上海、太原、沈阳等城市，在1900年到1906年之间也先后自行开办了市内电话局。张之洞也正是在得知了南京开通电话之后，才开始办电话局的。张之洞认为，发展电讯事业，对于地方民生商务都有极大的益处，应该重视起来。所以，除了架设覆盖湖南湖北的电报线路之外，张之洞紧随南京之后，就在武昌、汉口开设了电话局。这使得武汉成为我国最早使用电话的城市之一。

张之洞是非常喜欢电话的，这可比电报方便多了。对于电话事业的发展，他给予了很大支持。1902年，随着武汉地区对电话的需求量越来越大，张之洞两年前办的那个电话局已经无力应对了，扩建电话局势在必行。可是，此时的张之洞囊中羞涩，他已经拿不出多余的钱来扩建电话局了。于是，他又想到了商办，他打算把扩建电话局这件事交给一个有实力的商人来完成。

经过一番筛选，张之洞看中了房产地皮商人刘歆生（1857—1941）。刘歆生是武汉当地人士，少年时放过鸭、喂过牛，饱尝艰辛，但生活的磨砺使其立志出人头地。因为祖父、父亲都是天主教徒，刘歆生也受洗入教，与汉口天主堂神父金宝善相识。金神父见刘家贫困，借钱200串给刘家开牛奶坊，刘歆生成了送奶工。他后来也入堂奉教，并学会了英语。不久，他通过天主教会的关系进入汉口太古洋行当练习生，后升为写字兼跑街，月薪纹银10两。他为人机变灵活，善于交际，很受教会法国神父的赏识。

刘歆生不甘于屈居人下，想自办实业。1896年前后，刘歆生曾与人合资到湖北省阳新县炭山湾开采煤矿，接着办歆生记铁、木工厂，但都没有成功。1899年，刘歆生被法国神父推荐，到法商立兴洋行做买办。三年后，他又担任法国东方汇理银行汉口分行的买办，丰厚收入使之完成了最初的资本积累，而买办的身份又为其个人投资提供了契机，刘歆生敢闯敢干、善于风险投资的经营才能有了施展的空间。

刘歆生虽然是借着洋人的帮助起家的，但是他并没有因此而忘记自己是一个中国人。1902年前后，英国人在汉口兴建西商跑马场，吸收高级外侨为会员，但歧视中国人。一次，身为汉口首富的刘歆生欲从正门进入，也遭到阻止。他一气之下，打算建一座中国人专用的跑马场。1906年，由他提供地皮，与人合作建成了"华商跑马场"，吸引市民赌马。这一举动，对于英国人来说，是一次有力的回击。

1938年，日寇攻进了武汉，伪军强占了刘歆生位于汉口循礼门的刘家花园作司令部。日本人想要刘歆生出面当维持会长，为侵略者效力。可是他们始终找不到刘歆生本人。原来早在日军逼近汉口时，刘歆生就警告其家人，不准和日本人做生意，要相信中国人民的抗战能力，打败日本只是时间问题。在日军侵入汉口前，他住进了法国租界一直没有露面，直到病重去世。

刘歆生的人品和经济实力都符合张之洞的要求。于是，1902年，在张之洞的支持下，已经在武汉地区有了很高声望的刘歆生出面组织电话局的扩建工作，1904年组成电话公司，刘歆生任董事。在刘歆生之前，中国出现的电话局都是各地官府出资建设，刘歆生接手电话局之后，按照商业模式进行运作，由此，中国第一家商办电话局出现了。此后，武汉地区的电话业务不断向前发展，武汉也因为电话的引入而更加现代化。

6 大办学校 力推新政

办洋务，最直接的方式是办工厂，但是最根本的问题是培养洋务人才。张之洞在山西萌生办洋务的想法时，就意识到洋务人才对于洋务的重要性。虽然可以引进外国的技术人员，但是，多数洋人都是抱着赚钱的目的来到中国的，聘请的这些洋技师往往不可靠，不能一心为中国效力。要解决这个问题，最好的方法就是培养自己的洋务人才。所以，到了广东之后，张之洞就开始尝试办新式学堂，培养洋务人才。

不过，教育是一个长期的过程，没有时间的积累是难以培养出可用的人才的，张之洞在广东的时间只有五年，人才培养还难见到成效。到湖北以后，张之洞办的洋务规模越来越大，技术难度越来越高，需要的人才也越来越多，越来越专业，因而办学堂培养人才也就越来越紧迫。于是，围绕在武汉的洋务事业，张之洞开办了一系列的近代学校，这些学校在为张之洞的洋务事业培养技术人才的同时，也在客观上培养了一批敢于对封建统治说“不”的新人。从张之洞的学堂里走出的这些人，不论是对武汉的进步还是对中国的发展，都起到了重要作用。

虽然中日甲午战争的失败宣告洋务运动破产，但是，张之洞并没有放弃洋务，他依然坚信办实业可以救国。尤其是1900年八国联军侵华后，清政府又颁布诏令实施新政，更进一步推动了张之洞的事业。

书院教育

书院是唐宋至明清出现的一种独立的教育机构，是私人或官府所设的聚徒讲授、研究学问的场所。早期的书院多由私人创办，他们自己筹集经费，自己决定授课内容。教学采取自学、共同讲习和教师指导相结合的形式进行，以自学为主。它的特点就是注重教育、培养人的学问和德行，而不是以应试获取功名为目的。明清以后，书院的性质开始发生变化，书院的自由思想威胁到了封建集权统治，尤其是明末清初，书院成为重点打击对象。清朝雍正皇帝以后，书院得到了恢复，但是，所有的书院，无论官办还是私立，都要接受政府的监督，再也没有早期的自由风气，绝大多数书院成为以考课为中心的科举预备学校。

1889年底，张之洞来到了武汉。在忙于洋务之际，他心里还牵挂着他的一个“老朋友”——经心书院。1869年，张之洞到湖北担任学政一职，当时，他见到武汉原有的江汉书院规模太小，难以满足当地学子的需要，于是就向当时的湖广总督李鸿章申请为湖北的学子新建一个书院。李鸿章也想着为湖北的学子做些事，就同意了新建书院的请求。最终，湖北省官方出资两万两银子，张之洞又拿出自己的一万两银子，建成了这么一个书院。新建成的书院被命名为“经心书院”。

这个书院建成之后，不论是场地还是人员，都有了明显的改善。当然，这个书院也是为科举考试做准备的，教授解经、史论、辞赋。后来，从这里走出了一批人才，其中不乏后来成为高官和学者的。当贺人驹、陈作辅、傅廷浩、范昌埭 4 名经心书院的高材生病故后，张之洞亲自作诗哭悼，称《四生哀》，足见其重视人才。

张之洞离开湖北学政一职后，经心书院又经过多次扩建，规模宏大。张之洞到湖北后，出于洋务的需要，开始对书院进行改造。

书院的负责人原本称为“山长”，这一称谓五代十国时期就已经存在。后来乾隆皇帝在位时把“山长”改为了“院长”，不过，乾隆之后依旧称“山长”，一直到清末。张之洞对经心书院的改革首先就是把“山长”改为“监督”。在改变名称的同时，也明确了书院的管理体系。在监督之下，张之洞又设置“提调”一职，负责管理学生以及书院中的一切事物。同时，张之洞还给书院设置了三名监院，负责督促学生守规则、讲卫生，还要记录学生请假及旷课的情况，俨然就是今天的班主任或者辅导员。当然，除了管理人员之外，张之洞还给各个学科配备了教师，指导学生的学业。

在学生数量方面，经心书院招生的最高额度是 80 人，这 80 人都是秀才、廪生里的佼佼者，优中选优。凡是能进到这个书院的学生，都能享受很好的待遇。书院会给每个学生分配一间标准宿舍，同时，还会给每个学生发放生活费，学生在学校穿的服装也是书院统一提供，就连学习用品也是书院按需分配。书院每个月还会组织一次考试，根据考试结果给学生发奖金，最好的每次可以奖励 8 个银元，最次也能得到 4 个银元。学生们能够享受到这么好的待遇，而他们的任务就只有一个，那就是学习，然后争取像张之洞那样金榜题名并进入官场。

在课程设置上，书院早期主要是教授学生中国传统学问。甲午战争失败后，张之洞深刻意识到变革的重要性，他认为想要自强，就必须做出变革。于是，在 1897 年，张之洞对书院的教学内容进行了改革。一方面，他加强了科学知识的教育；另一方面，他删减了一些传统科目。张之洞要求，经心书院要设立外政、天文、格致、制造 4 门学科，重点学习国外的政治、天文、传统儒学以及制造。各个学科都要配备教员，学员必须同时掌握这些科目。学员在学习这些科目的同时，必须学习数学。教员里一定要有精通外语的，非外语专业的学生如果想学外语应该准许他们去学。作为一个虔诚的儒家信徒，在教授西学的同时，张之洞也强调传统儒家教育，他还设置人员专门给学生讲授四书义理、中国政治。为了能够确保培养出青年才俊，张之洞要求入学的学生年龄不超过 25 岁。

为了配合书院设置的天文学课程，张之洞还特意给书院设置了一个天文台，方便学生观测天文。此外，张之洞还派人购进了一批新的科学书籍，给书院的师生阅读，以此开阔他们的眼界。书院授课时施行班级教学统一授课，这与传统书院自行学习的做法有很大不同。为了做到劳逸结合，张之洞还给学生们安排了假期，规定每上 10 天课可以休息一天，与今天上 5 天休息 2 天相比，那个时候的学生确实要辛苦很多。对于旷课行为，张之洞严厉打击。经过张之洞的一番改革，经心书院逐渐由一个传统的教育机构，发展成为一个新式学堂。也正是在张之洞的严格督促下，书院的学生才能够在学问上取得很大进步。

张之洞在改革经心书院的同时，又着手创建了一个两湖书院。当地商人对于办书院是很支持的，他们不仅为张之洞捐赠了地皮，就连书院的经费都是当地商人赞助的。这个书院的规模非常大，包括今天的武汉音乐学院、实验小学、45 中和原医大“附一”的住院部所在地，这样的规模即便在今天也令人震惊。

当时，两湖书院里有一个大讲堂（相当于主教学楼），堂前有两个书库（相当于图书馆），中间是用于祭祀湖南、湖北两省先贤的楚学祠。另外书院里还有 240 间宿舍，布局类似现在一室一厅的小套间，其中 200 间是供普通学生使用，另外 40 间则是给商人的子弟使用。因为书院的经费主要是来自商人，张之洞就给了商人 40 个保送入学的名额。

书院前后有湖，风廊月榭，荷红藻绿，环境十分雅静优美。书院虽然设在武汉，但是招收的学生却来自湖南湖北，而且两省各招 100 名。至于挑选生源一事，则由各省的学政去具体实施。张之洞要求，入学的学生必须在学问上有所特长：或才识出群，或多闻博览，或志行不苟，或好学深思。这一要求一来可以充分利用教学资源，二来也可以最大范围地招揽人才。虽然因为商人出资助学，张之洞给了他们 40 个保送名额，但是，对于这些商人的子弟并非来了就要，这些保送名额也需要经过审核。由此可见张之洞对于这个书院的重视。

书院开设的课程有经学、史学、理学、算学、经济学5门，分由5位资深教员执教。和经心书院一样，住校生都能得到书院的补贴，另外，每个月考试时基本上也都有奖励，除非是故意不用心的学生。除了每个月的小考之外，每个学期还会大考一次，每当大考时，张之洞要亲临考场，由他来主持考试。湖广总督坐镇考场，学子们不敢不用心，学校也不可能教不出优秀的学生。

在张之洞“中学为体，西学为用”思想的影响下，书院的课程设置后来又改为经学、史学、地理、数学、博物、化学及兵操（军训）等科。出任教员的不少还是当时的学界名人，如地理学家杨守敬、数学兼翻译家华蘅芳、音韵学家沈曾植等均应聘执教。同时，教师开始有“主讲”（相当于教授）、“助教”之分。后来，为了保证生源质量，招生方式由学政挑选改为招考录取制。书院学制定为5年，学完之后，成绩合格的学生由官方择优录用，不合格的学生只能回家自谋出路。部分优秀的学生还能得到官费出国留学深造的机会。清末维新派领袖、“自立军”领导人唐才常，辛亥革命领袖黄兴等都曾是两湖书院的学生。

张之洞热心教育，且身体力行，尊师重教，吸引了各方名流来书院任教，组成了一支实力强大的师资队伍，使书院在短短12年里发展迅速，影响极大。先后在此执教过的有清末民初著名教育家、史学教习姚晋圻（辛亥革命后任湖北省教育司司长）；冶金专家李维格（后任汉阳铁厂总办）；地理教习邹代均（曾任湖北舆图（地图）总局总纂）；时国内首屈一指的数学家、翻译家，帮曾国藩建造轮船并被鄂人奉为泰斗的华蘅芳；著名教育家、两湖书院监督黄绍箕（后被延聘为京师大学堂总办）；等等。1902年，两湖书院改为文高等学堂，亦称两湖大学堂。

自强学堂

1893年，张之洞的汉阳铁厂已经进入到最后的建设阶段。这一年的11月，张之洞上书朝廷，提出在武汉设立新式学堂。张之洞认为，想要自强，必须先要培养人才，所以他将这个新办的学堂命名为“自强学堂”。在这里，张之洞又创造了一个中国第一：中国近代教育史上第一所真正由中国人自行创办和管理的新式高等专门学堂。

自强学堂开办之初，设方言、算学、格致、商务四门，每门招收20名学生，专门培养外语和商务人才。这里所说的方言和今天所说的方言并不是一个概念。按照今天的理解，所谓方言就是在汉语的范畴内，中国各个地方专属的地方性语言。基本上每个省都有自己的汉语方言，当然，同一个省份也会有不同方言。自强学堂里的方言课却不是这个意思，他们所说的方言，其实是指外语，主要教授英语、法语、德语、俄语。算学就是今天所说的数学。格致则源于“格物致知”，是指教授中国传统的儒家学说。商务则是教授西方的商业理念。

对于不同专业的学生，学堂要求不同。其中对方言一科的学生要求最严。按照学堂的规定，方言一科的学生必须住在学堂内，也就是说对他们要实行封闭式管理。对于其他三个专业的学生则不同，学堂并不要求他们住校，只是每个月对他们进行考核，一月一考，这和今天学校的月考倒是有诸多相似。

自强学堂的录取条件是“以华文为根底，以圣道为准绳”，强调学生的中文功底和对儒家的信仰。为了能够确保学生专心学习，学生的生活起居、学习用品完全由学堂承担。对于学生毕业后的去向，张之洞要求他们为国效力，如果学生毕业后去给洋人办事，那么学堂将向他们追缴当初的学费。

中日甲午战争中国惨败，签订了屈辱的《马关条约》，张之洞决心对自强学堂进行改革，以便更好地服务于他的强国计划。因此，张之洞于1896年对自强学堂进行了以下改革：

一、将算学一门移归两湖书院；

二、格致、商务两门停办，改为一般课程；

三、将方言一门扩大为英文、法文、德文、俄文四门，每门招生名额扩大到30人，1898年又增加东文（日语），共计五门，至此招生规模达到150人；

四、并入化学学堂，开创自然科学专门教育；

五、增设译书机构，开创翻译商务经济书籍新风；

六、取消生活补助，实行奖学金制；

七、选派13名学生留学日本。

这13人是中国近代教育史上最早的留日学生，他们大多为最早的“同盟会”会员。为此，孙中山先生高度评价张之洞：“不言革命之大革命家。”

1902年，清廷管学大臣张百熙在《奏办京师大学堂疏》中称：“查京外所设学堂，已历数年，办有成效者，以湖北自强学堂、上海南洋公学为最。”

1901年1月，因为八国联军进攻北京城而出逃到西安的慈禧太后在西安颁布“变法”上谕，宣布实行“新政”。在此“新政”下，1901年9月，清政府下兴学诏，要求除京师已设大学堂应切实整顿外，着各省所有书院，于省城均改设大学堂，各府厅直隶州均设中学堂，各州县均设小学堂，并多设蒙养学堂。

作为后期洋务中枢的湖北，理所当然应该率先行动。1902 年 6 月，张之洞向学务处汇报教育改革的进度，他将自强学堂改名为方言学堂，并重新选址。新校址北倚蛇山，南临长湖，地势高爽，风景宜人，是当时湖北诸学堂中最理想的办学位置。

方言学堂较自强学堂规模扩大，学生数量增加。自强学堂时期，历届招收新生最多为 120 名。改为方言学堂后，明确规定英、俄、日、德、法五科，每科各招 30 名，共计 150 名。到了 1905 年 2 月，招满 3 届的在堂学生已达 354 人，这是自强学堂开办以来人数最多的一年。同时增开课程达 16 门之多，有人伦道德、经学、中国文学、外语、地理、历史、算术、博物、物理化学、教育、理财、公法、交涉、绘图、体操、兵操。

方言学堂虽屡遭厄运，仍为社会培养了不少的专门人才。自强学堂和方言学堂的学生毕业后，主要分布在各省的教育、工业、商业等行业，从事教学、翻译及商务诸事。留在湖北的多在省城及府县的实业中等学堂担负外语、国文、历史、地理、格致、教育、图画、体操、算学、经学等课程的教学。我国近现代史上许多著名人物也在这里毕业和肄业。例如，著名的民主革命家、辛亥革命中光复新疆的主要负责人冯特民，著名民主革命家、史学家、《湖北学生界》的主笔刘成禺，著名的法学家马德润，著名的外交家沈翔云、夏维崧以及陈篆、陈宧、赵恒惕等。

自强学堂、方言学堂是张之洞亲手悉心创办的近代新式学堂，在当时就引起社会强烈的反响。湖南有识之士创办的东山精舍，就是以张之洞的自强学堂为蓝本创办的。湖北自强学堂与各同文馆、实学馆、水师武备学堂一样，都是讲授中西学问的重要学府。著名维新人物梁启超在其著作中也多次提到自强学堂，对这类新式学堂寄予厚望。

但清朝末年，国势艰难，外患日棘，民穷财尽。1910 年 9 月，湖广总督瑞澄等以湖北教育经费紧张为由，向湖北咨议局提出将方言学堂等学堂停办的议案。1911 年 2 月，新任提学使王寿彭认为经费无法支持，不顾咨议局的决议，断然将方言学堂停办。自强学堂从 1890 年春开始动议筹办，1893 年正式建成定名，1902 年 6 月改名方言学堂，到 1911 年 2 月被迫停办，前后历经 22 年。

学堂停办后，其校舍一度被黎元洪用作武昌军官学校的校舍。1913 年，民国政府教育部决定设立国立武昌高等师范学校。湖北都督黎元洪决定，将武昌军官学校使用的校舍提供给武昌高等师范学校使用。于是，当年自强学堂的校舍又成了武昌高等师范学校的校舍。武昌高等师范学校经过百年发展，成为今天的武汉大学。

自强学堂从创办时起便一改中国传统书院“学不分专门”的旧习，仿照西方高等教育模式，在全国各学堂中率先实行分科教学、按班授课的体制，开风气之先，在全国范围内起到了良好的示范带头作用。此后许多学堂都仿照自强学堂的模式，进行分科教学。自强学堂在当时社会影响较大，其成就与水平得到了许多专家学者的高度评价，其中就有梁启超。学堂毕业生中有 30 多人成为辛亥革命志士，6 位师生后来被推举为“甲种”或“乙种”“武昌起义有功人员”。

农务学堂和工艺学堂

工农是当代社会的基础产业，二者缺一不可。离开农业，社会就无法生存；没有工业，世界就难以进步。在 100 多年前，张之洞也意识到了工业和农业的重要性。为了鼓励农业和工业的发展，张之洞特意创办了农务学堂和工艺学堂。

中华五千年文明，一向是以农业立国，历朝历代都采取重农的政策。满清是游牧民族，但是他们入关后很快就被汉化，在政策上也非常重视农业。然而，清末的中国农业与数千年前的中国农业相比并没有实质性的进步，依旧在延续着古老的传统。此时，西方世界已经完成了工业化，他们的农业也进入机械化时期，与以往相比有了质的飞跃。

农业技术落后，最直接的后果就是粮食产量低。如果是在风调雨顺的太平时期，这种情况尚且可以维持，所谓的“康乾盛世”就是建立在这样的农业基础上的。然而，清朝末年的中国遭遇的是有史以来最严峻的考验，传统方式已经无力应对新的世界了。那时的普通中国百姓，不要说享受生活，就是连最基本的温饱都难以解决。所以，重新学习务农之道，成为那个时代中国人的当务之急。张之洞在湖北办农务学堂，其目的就是要推广西方现代农业技术。

中国要学习西方先进的农业技术，那么，应当以谁为参照呢？张之洞经过一番考察，选择了美国。在当时的西方列强中，除去海外殖民地，只有美国和俄国是土地面积非常大的国家。俄国的国土面积世界第一，美国的国土面积也仅次于当时的中国。

不过，俄国的土地虽多，但它处于高纬度，光照不足，多数并不适合耕种；再者，俄国的近代化进程不彻底，是列强中较为落后的一个：所以俄国的农业并不发达。

美国的工业实力在19世纪末20世纪初已经赶超英法，能够为现代农业提供充足的保障；同时，美国有大片大片适合耕种的土地，农业条件得天独厚；另外，美国是个典型的人稀地广的国家，他们的农业经营以农场为基本单位，一个农场的耕地动辄上百公顷。优越的生产条件，再配合美国发达的市场，使得作为工业强国的美国，同时也是一个农业强国。所以，张之洞下决心学习美国的农业技术。

1898年4月，张之洞上书朝廷，正式奏请兴办湖北农务学堂，在奏折中，张之洞指出，国家要富强，离不开农工商三件事，对于中国来说，务农则是根本。而且当时湖北的旱涝灾害连年不断，庄稼收成极差，外国稻谷价格又高，这些进口粮食充斥着市场，导致中国商业萧条，百姓的生活异常艰苦。可是，中国的农民向来知识水平不高，不懂新式科学，士大夫这些知识阶层又不务农。要解决农业问题，最好的办法就是办农务学堂，传播新式农业知识。

朝廷接到张之洞办农务学堂的申请之后，很快就批复同意了。张之洞即刻着手开办学堂，他计划从美国聘请专业的农业技术人员，同时，还要购置西方的新式农具以及西方的良种。

张之洞办的这个农务学堂设有农、桑两科，学制为四年，前两年是基础学习，以便学员能够掌握基本的现代科学知识，后两年才会进入专业学习。这个学堂设置的课程非常丰富，包括国文、日文、数学、物理、化学、动物、植物、种植、畜牧、茶务、蚕务等。由于课程安排较多，4 年的时间并不足以学完全部课程，所以，实际的学习时间延长了 1 年，成了 5 年，第一届学生直到 1903 年秋季才毕业。当时，进入农务学堂的学员都抱着很纯正的入学动机，他们基本都是有志于农业，或者有志于强国的人。

张之洞办农务学堂并非只是教授农业知识，而是为了培养既有知识又有能力的新型农业人才，所以，在理论教学的同时，张之洞还要求学堂把教学和试验、推广相结合。张之洞认为，学习农业，如果不做试验，是难以收到效果的。他希望通过推广新式农业，使当地农民都能有一份自己的产业，都能有自己的劳动专长。为了便于开展农业实践，张之洞还把一个蚕桑局合并到农务学堂里，用作学堂的试验。学堂则利用蚕桑局的设施，开展养蚕试验，并把结果写成论文，推广他们的研究成果。

1902 年清政府进行教育改革，张之洞积极响应。趁此时机，张之洞计划将农务学堂的规模扩大，建成湖北高等农业学堂，把它升格为大学。1903 年，扩建进入实施阶段，张之洞给农务学堂拨试验田 2000 亩，并新建了校舍。在新建校舍时，张之洞考虑到日本新式教育的发展经验，有意仿照日本，所以，新校舍内的设施都是按照日本的农业学校来设置的。新校舍建有一栋两层的教学楼，还建有实验室、养蚕室、育种房以及其他附属建筑。教室都建成了阶梯教室，光线充足，方便学生上课；化学室可以供学生们进行各种化学实验；养蚕室的设备按照日本的最新标准配备，室内的温度可以人工调节，非常先进。

为建学堂张之洞耗费不少，学生们也没有辜负张之洞的这一番心血。以养蚕室为例，他们陆续完成了一系列养蚕试验，得到了可靠的经验，这为后来农桑试验以及蚕丝业的发展准备了条件。

为了保证学堂的教学质量，张之洞还从美国和日本聘请教师，前后一共请来了15位。为了能够详细掌握湖北的农业生产条件，张之洞还请这些洋教师帮助他调查湖北的农业情况。1897年，张之洞委托一位美国来的农学专家在武昌、大冶等地展开了一次农情考察，调查结束后，美国的这位友人给张之洞呈交了一份详细的报告，帮助张之洞加深了对当地的了解。此外，来自日本的农学专家也参与了对湖北农业情况的考察，进一步摸清了湖北农业的真实情况。这些信息对于张之洞日后的决策都有很大的帮助。

1903年农务学堂扩建为湖北省高等农务学堂，这是我国最早的近代农科大学之一，开创了我国高等农业教育的先河，是华中农业大学的壮丽起点。湖北省农务学堂在辛亥革命后改建为湖北甲种农业学校，此后几经演变。1923年为湖北第一、第二高级农业学校，1931年为省立乡村师范学校，1933年为湖北省立教育学院，1937年为湖北省立农业专科学校，1940年为湖北省立农学院，1950年为湖北省农学院。1952年，以武汉大学农学院、湖北省农学院的整体和中山大学、南昌大学、河南大学、广西大学、湖南农学院、江西农学院的部分系（科）组建成立华中农学院。至此，张之洞创办的湖北农务学堂翻开了崭新的一页。

同样是在1898年，张之洞在创办农务学堂的同时还创办了一个湖北工艺学堂。张之洞认为，当时的中国在工艺方面落后守旧，技工不懂新工艺，造不出能够和西方抗衡的产品，这使得西方人轻易地赚走了中国人的钱财，中国百姓的生活则日益困顿。所以，当务之急是要设立工艺学堂，采用西方先进技术，以此和西方争夺利润，赚取财富。

工艺学堂教授的主要是理化、机器等方面的知识，具体分科有十余项。由于中国缺乏懂这些知识的人才，所以学堂的教学人员不少都是从日本请来的。为了培养本土的教研人员，张之洞也会聘用那些懂得这些新式科学的中国人，让他们教导学员，传授技艺。这个学堂的招生名额是60人，同时还有30个学徒名额。在学制上，和农务学堂相同。

1907年，湖北工艺学堂更名为湖北中等工业学堂，1913年，湖北中等工业学堂更名为湖北省甲等工业学校，1922年，湖北省甲等工业学校更名为湖北省高级工科中学校。后来，经过历次变迁，自1926年开始，湖北工艺学堂的办学资源经历若干次的合并，最终在新中国成立前并入武昌高级工业学校。新中国成立后，武昌高级工业学校的学科一分为五，分别经历若干次的分分合合，并入不同学校。如今，武汉理工大学、华中科技大学、武汉科技大学、河南工程学院、郑州电力高等专科学校、广东轻工职业技术学院等院校，均与湖北工艺学堂有一定的渊源。张之洞当年的一番努力，如今继续让无数学子受益。

发展师范教育

1902年，清政府的教育改革催生了众多新式学堂，新式学堂的出现对于教师队伍是个严峻的考验——传统教育体系中的教师很多都难以应对新的教学环境，要确保新式学堂能够顺利投入使用，培养一批符合新式教育需求的教师尤为紧迫。张之洞是新式教育的支持者，所以，他主政的两湖对于新式教师的需求非常大。有鉴于此，创办一所培养新式教师的学校就显得尤为必要。

1902年，张之洞在武昌开办湖北师范学堂。这个师范学堂除了普通学堂都开设的课程之外，还专门开设了师范类学校的必修课程，其中有教育学、教授法、学校管理法等。学堂招收120名学生，学制为两到三年。由于当时急需新式教师，张之洞还开办了速成班。速成班的学员都是有一定基础的，一年就可以毕业。由于中国缺乏师范教育的专业人才，张之洞只得从日本聘请懂师范教育的专业人士。这是我国近代教育史上最早的独立完备的师范学校。这个学堂专门用于培养小学教师，是我国第一个官办中级师范学堂。在办这个学堂的时候，张之洞还派人远赴日本，考察日本的师范学校。

1902年，两江总督刘坤一去世，张之洞再次代理两江总督。在他代理两江总督期间，他并没有停下办教育的脚步，仅仅几个月的时间，他就又创办了一所颇有影响的学堂——三江师范学堂。

张之洞在武汉办的学堂，名字都容易理解，可是，这个三江是指什么呢？关于学校名字的来源，有两种观点。

一种观点认为，南京当时为两江总督官邸所在地，而两江总督所管辖的江苏、安徽、江西三省均处长江中下游，也就是古代所指的“扬州”地区。因而“三江”即寓“东南”之意，取名三江师范学堂，既不失古风，又与两江总督管辖之地有所照应。（相传大禹治水，分天下为冀、兖、青、徐、扬、荆、豫、梁、雍九州，而“东南曰扬州”；《书·禹贡》“扬州”记载“三江既入，震泽底定”；《周礼·职方》“扬州”也云“其川三江”，大概是指东南之地河川纵横、水网交错。）

另一种意见认为，安徽在历史上曾属江南省，“三江”即“江苏”（或“江宁”）、“江南”、“江西”三省的简称。《三江师范学堂章程》第一章第一节就“正名”曰：“本学堂名三江师范学堂，为江苏、安徽、江西三省之公学。”也许这正是“三江”之名的由来。

张之洞于1902年11月5日到达南京。完成工作交接以后，他给朝廷写了一封表示感谢的奏折，同时汇报他在两江的施政方略。因为当时清政府已经颁布诏令要实施新政，所以，在奏折中，张之洞表示，他要在两江积极响应朝廷的号召，推行新政。同时他也强调，在众多新政中，最为紧要的是培养人才，如果没有新人，又怎么能实施新政呢？出于这样的目的，他打算在南京办三江师范学堂，加快人才培养的进度。

为了加快三江师范学堂的创办，张之洞在1902年底上奏朝廷，请求朝廷准许他设立两江学务处，专门负责全省各种与学校相关的事务。办学校需要银子，为了方便钱款调度，张之洞还特意把银元局的一位官员调到学务处，此举确实使筹款方便了不少。

经过一番紧张的筹备工作，建立三江师范学堂的前期准备基本完成，于是，在1903年2月，张之洞正式上书朝廷，申请创办三江师范学堂。张之洞的《创建三江师范学堂折》开宗明义，重申了“师范学堂为教育造端之地，关系尤为重要”的观点，强调兴办教育，必须“扼要探源”，把握先后次序。“兹于江宁省城北极阁前，勘定地址，创建三江师范学堂一所，凡江苏、安徽、江西三省人士皆得入堂受学。”奏折详尽而又具体地阐述了创设三江师范学堂的理由、意义、章程学制、生员定额、师资来源及构成、办学经费及筹措渠道等等。

张之洞在湖北办学堂已近有些年头，可谓是经验丰富，这为他办三江师范学堂提供了很多便利。两湖书院的毕业生胡钧曾奉张之洞之命两次赴日本考察教育，对日本的师范教育有很深的了解，张之洞就把他调到南京，参加三江师范学堂的筹建。张之洞要求他仿照日本东京帝国大学的模式来办三江师范学堂，学校的章程、学制等都要完备。

1902 年底张之洞又选派 8 人赴日考察教育。此次考察，主要是为了汲取日本师范教育成功经验而用于三江师范学堂的建设发展。这次赴日考察的人回国后很多都任职于三江师范学堂，达到了当初的目的。

张之洞认可日本明治维新的做法，并有意效仿，所以他在湖北期间就聘请了不少日本人。在三江师范学堂正式成立之前，张之洞就在着手为学堂招聘一批日本教员。为此，他致函日本方面，提出从日本聘请教员的要求，并请日本方面帮忙物色一批合适的人选。当时的日本已经开始积极对外扩张，接到张之洞的要求后，他们自然乐意合作。很快，双方签订了关于聘请日本教员的协议，协议对聘请日本教习的数量、聘期、所任科目、课时、薪水、川资、诊疗费用等事项都有明确的规定。

张之洞虽然热衷于办新式学校，但是对于中国传统教育他也一点没有松懈。他要求两江总督下辖各省举荐一批在中国传统教育中表现优越的人，在这批人中进行考试，录取 50 人，和日本来的教员一起进修，熟悉新式教育，进而在即将成立的三江师范学堂中教授国学。张之洞对此事要求极为严格，考核时他还计划亲自主持，只是因为要务缠身，不得已找人代替自己去了。参加考试的有370人，结果只录取了20人，与原计划的50人还差很多。但是，张之洞坚决不允许为了凑数量就降低质量。对于被录取的这20人，张之洞也不是完全放心，他认为，考试只能是考文字功底，至于考生的人品就不得而知了，所以他要求对被录取的20人进行面试。此时，新的两江总督人选已定，几天后张之洞就要离开南京回到武汉了，但是他依旧兢兢业业，尽职尽责，丝毫不因为他是代理两江总督而降低对学堂质量的要求。

张之洞在其《创建三江师范学堂折》中曾要求："学堂未造成以前，暂借公所地方。"1903年3月，三江师范学堂在江宁府署开办，张之洞参加了开办仪式并与相关人员合影。3月20日，张之洞和新任两江总督魏光焘（1837—1916，湖南人，魏源族孙）交接工作，离开了南京。接任张之洞的魏光焘没有荒废三江师范学堂，并将它继续发展。在后来的发展过程中，三江师范学堂不断更换名称。它使用过的名称有：三江师范学堂、两江师范学堂、南京高等师范学校、国立东南大学、国立第四中山大学、国立江苏大学、国立中央大学、国立南京大学。如今的南京大学就是三江师范学堂的继承者。

1904年，回到武汉的张之洞拨款43000两纹银把原来的文高等学堂（两湖书院）改为两湖总师范学堂。与此同时，为了能够给学堂的师范生提供实习场所，张之洞又给两湖总师范学堂设置了初等、高等小学堂各一个，作为两湖总师范学堂的附属学堂，也是两湖总师范学堂师范生的实习基地。两湖总师范学堂规模宏大，原计划招生1200人，实际招收700多人，有"千师范"之称，是两湖地区最大的学堂。

学堂建有南北书库。南书库为一般阅览室，备有一般书籍和报纸杂志，供学生自由阅览。北书库为资料藏书处，供教员教学和研究考查使用。两湖总师范学堂本科学制为 5 年。学堂设仁、义、礼、智、信 5 科。1907 年于智、信两科开办理化专修科学堂，1908 年于礼科开办博物专修学堂。辛亥革命以后，学堂停办，而学堂的校舍为日后新办的许多学校提供了场所。

1904 年，张之洞又开办了湖北师范传习所。这所学校并非是单纯地培养师范类学生，而是在职教师的进修学校。这是我国教师进修学校的开端。学校设定的课程有教育学、教法学、学校管理等。

在张之洞的指导下，湖北各地纷纷办起新式中小学堂。然而，张之洞发现，这些学堂在快速发展的同时，质量却难以保障。最主要的问题就是缺少合适的教师。于是，张之洞及时叫停了各地在建的学堂，要求先建初级师范学堂、师范速成学堂、师范讲习所这些师范类学校。1905 年，张之洞在武汉开办了 6 所专门为各地方培养教师的师范学堂，以此促进湖北各地近代教育的发展。

另外，张之洞还注意到了幼儿教育，他创办了培养幼儿教师的湖北敬节学堂，还创办有湖北育婴学堂，培养婴儿保育员。

张之洞的师范教育，涵盖了从婴幼儿到大学的全部阶段，形成了一个完整的体系，为中国师范教育的发展提供了宝贵的经验。

军事教育

军事是洋务运动的重点，洋务派试图通过强军来强国，为此，他们开展了大量军事建设工作。在建设新式军队的同时，洋务派意识到培养新式军事人才的必要性。于是，一批以培养军事人员为目的的军事院校相继出现。

1885年，直隶总督兼北洋大臣李鸿章在天津创办了天津武备学堂，这是近代中国第一所培养陆军人才的军事院校。这个武备学堂对近代中国影响巨大，北洋军阀段祺瑞、冯国璋、曹锟、吴佩孚等，均为武备学堂的学生。看到天津武备学堂的成果之后，清政府下令各省添设武备学堂，各省均仿照天津武备学堂来设立各自的武备学堂。

正是在这样的背景下，张之洞也在湖北设立了武备学堂。

武备学堂的首要任务是培养新式军事人才，而当时列强中，德国陆军最有战斗力，张之洞就聘请了一批德国教官。学堂要教授的是新式军事知识，这就需要学员有一定的文化基础，因而，在招收学员时，张之洞很重视学员的文化程度，学员都是在科举考试中取得一定成绩的人。入学的学员年龄一般都在20岁左右，他们既可以参加一年的速成班，也能进入三年的正式班。优秀的学生毕业后还有机会出国深造。

在课程安排上，学员既要学习军事理论，也要学习军事实践。理论课被称为“学科”，内容有军械学、算学、测绘、地图学、各国战史、营垒、铺桥筑路、阵地的攻守转换等。实践课被称为“术科”，有枪队、炮队、马队、营垒、工程队、行军炮台、行军铁路、行军电线、行军旱雷、试演测量、演习体操等。

张之洞虽然是在培养新式军事人才，但是，他培养军事人才的目的是要服务于大清国，是要维护封建统治，维护儒家的价值观。所以，在给学员传授新式军事观念的同时，张之洞也很注意对学员进行传统思想的灌输。他要求学员在学习主科的同时，也不能放松学习传统的儒家典籍，以便巩固根本，端正思想。由此可见，早在百余年前，张之洞就已经意识到了思想教育工作的重要性。

进入武备学堂的学员享受的待遇非常丰厚。学堂每月会给所有学员发放4两银子，让他们补贴家用；同时，学员在学堂内的日常需求一律由公费解决，不仅提供食宿，连服装也一律由学堂提供。像学员穿的鞋子，每两个月就会发一双新的；学员的被褥也是由学堂提供；就连洗衣服这样的事，都是学堂请专人负责。

学堂的伙食更是无可挑剔：平日里是三荤三素，如果生病，则提供额外的照顾，伙食更加丰盛。此外，每月的初一和十五还要改善伙食。再有就是学堂每个月会对学员进行考核，成绩优秀的发给奖金，最好的可以得到8个银元，最次的也能得到4个，基本上是人人有奖金，月月有闲钱。学员每个月获得的这些收入，足够一个普通家庭每月的日常开销。也就是说，学员只要在武备学堂好好上学，就已经足以养家糊口，根本不需要家里再提供额外的资助。

上学时，武备学堂的学员可以享受到优厚的待遇；毕业后，又可以进入军队担任军官。这样优越的条件自然是让旁人万分羡慕，学员们也成了受人尊敬的“武备学爷”。

由此可见，想要在社会上培养一种好风气，必须要给予足够的鼓励；同样，一种坏风气的盛行，其背后必然是坏风气带来了巨大的利益。想要遏制坏风气，必须要掐断坏风气背后的利益。如果社会上缺乏诚信，必然是因为诚信难以给人带来利益，同时，也意味着社会上对于缺乏诚信者的打击力度不够。想要使社会上大行诚信之风，不仅要让诚信者得到实实在在的利益，还要对不诚信者进行严厉的打击。

1902 年，湖北武备学堂改称为武高等学堂，与文高等学堂相对应。1905 年，改为湖北武师范学堂，在制度上效仿日本士官学校，用于培养军事学校的教员。

在办理军事教育工作的过程中，清政府意识到军事教育是一项庞大的工程，仅仅建一个军事学堂，或者派一批人去国外的军事院校进修，这还远远不够。中国是个大国，自然也需要庞大的军队来维护国家安全。要建立新式军队，就必须有大量的新式军事人才。一个军事学堂培养的军事人才自然是不够的，虽然可以派遣人员去海外，但是因为成本高昂，无法大批量培养人才。所以，归根结底要建设有系统的军事教育体系才行。出于这种考虑，清政府开始仿照日本的军事教育体制，创办自己的军事教育系统。教员则是接受过西方军事教育的中国人，或者直接聘用日本人、德国人。

1905 年，清政府练兵处会同兵部奏拟《陆军小学堂章程》，开始在全国各省设立陆军小学堂，宗旨为“一切教育，以忠君爱国为本原，德育、体育为基址，振尚武之精神，汰叫嚣之陋习”。学制三年，每所学堂定额为 90 名至 300 名不等，年龄为 15 岁至 18 岁之间（武备学堂挑选的可在 20 岁以下）。各小学堂定额分三年招足，即每年招定额的三分之一，分为第一、二、三班，新生为三班，每年提升一班。

朝廷对军事教育进行了整顿之后，张之洞的湖北武师范学堂不在朝廷的许可范围内，不符合规定。于是，张之洞只好在 1906 年把它改为湖北陆军（特别）小学堂，设在武备学堂原址。湖北陆军（特别）小学堂学制为3年。学堂原计划办仁、信、智、勇、严5科。当年招收的仁科学生共计560人，次年7月招收信科学生共计830人。然而，这个学堂只招收了这两科的学生，没有进一步招生，而且，这批学生毕业后，学堂在1909年停办。学堂开办期间共计培养学员1100余名。

编练新军

张之洞在山西时就已经开始尝试编练新式军队，在广东期间则更进一步。不过，在张之洞编练的这些新式军队中，最有影响力的应该是湖北新军。湖北新军不仅是中国最早成型的新式军队，也是辛亥革命的主要参与者。

中日甲午战争期间，张之洞被调往两江，代理两江总督，主抓江苏、安徽和江西三省的军民政务。甲午战后，中国惨败，张之洞再次深刻体会到发展军事的必要性。他在处理甲午战争善后事宜的过程中也作了深刻的反省，提议发展新式军队。他上奏朝廷，建议在江南编练一支万人新军，称为“自强军”，并提出了具体的练兵方法。

一是招募外国军事人员来训练中国军队；二是派遣中方人员出国学习新式军队建设；三是国内各省建立军事学堂，开展新式军队教育。张之洞认为，这三者当中，能快速成军的是第一种办法。

当时，编练新式军队并不是新鲜事，湘军、淮军很早就开始或多或少地借鉴西方军队建设的经验。但是，张之洞认为，以往学习西方军队，只不过是学习他们的口号、训练这些表面的东西，至于战术、指挥、行军布阵等根本性的东西并没有涉及，这使得所谓的新式军队空有其表，根本无力应对真正的新式战争。如果真要学习西方编练新军，那么，就绝不能只学他们的皮毛，而更应该学习他们的精神。练兵不是朝夕可成的事，仓促间也许可以招募大批士兵，但是真正到了战场上，这些不懂新式装备的士兵毫无用处。要练兵，必须从外到内完全向西方看齐。事实上，张之洞这时在思考用西法练兵的问题时，所考虑的已不仅是武器装备与战术的改进，而且还有军事制度方面的变革。

张之洞编练自强军的奏折很快就得到了朝廷的批准，随即自强军正式组建。江南自强军是模仿德国军制编练而成的，张之洞希望仿照德国军制编练一支诸兵种合成的新式军队。1895 年 12 月，张之洞向朝廷汇报了自强军初步成军的情况。自强军仿德国军队的建制，设步队 8 营，每营 250 人，分为 5 哨，马队 2 营，每营 180 骑，分为 3 哨；炮队 2 营，每营 200 人，分为 4 哨；工程队 1 营，有 100 人。全军共 13 营，总计 2860 人。

这样的规模并不大，远没有达到张之洞的预期，张之洞希望能够继续扩建到 1 万人，如果没有足够的资金，至少不能低于 5000 人。

自强军的士兵多是江苏、安徽等地的百姓，年龄在 16～20 岁之间，入伍士兵必须由西医进行体检。为了保证兵源的素质，张之洞特别强调，坚决不能招收城市里那些游手好闲混日子的人。

在训练上，张之洞聘请了 35 位德国军官作为自强军的教官，另外还挑选了一批中国军人协助。在具体分工上，德国教官负责训练，中国军官负责监管。

自强军的建设步入正轨后不久，原两江总督刘坤一回到任上，张之洞不再代理两江总督，回到武汉。自强军则交给刘坤一继续建设。

自强军以全新的面貌出现在世人面前，根据梁启超的记载，江南众多军队中，没有哪个能比得上自强军。这支军队仅仅训练了8个月，但是，士兵个个身强体健，军容整齐划一，枪械运用熟练，战术动作标准规范，纪律严明，行动有序。看过这支军队训练的西方军事人员无不称赞夸奖。

后世的研究者也对自强军在中国军事近代化过程中的意义给予了较高的评价。美国研究中国近代军事史的专家鲍威尔认为，自强军的建制虽然并不如张之洞所声称的那样完全符合德国军制，但已经和中国的旧式军队有了极大的不同，具备了很多欧洲军队的特点。

1896年，回到湖北的张之洞虽然离开了自强军，但是他并没有放弃建设新式军队的尝试，他计划用西法编练湖北护军。这一工作是江南练兵的继续，而且湖北护军事实上也与江南自强军有着直接的渊源承继关系。

所谓"护军"，其实就是省城卫戍部队，负责省城的防务。张之洞在江南编练自强军时，曾经从江南护军中挑选1000人接受德国教官的训练。经过半年的训练，初见成效，这1000人具备了较高的军事素养。当张之洞得知自己将离开两江返回湖北后，他就开始筹划在湖北练新军一事。

为此，他上书朝廷，指出湖北有守卫长江的责任，而长江上盗匪时常出没，骚扰航运，有必要加强军队建设，震慑盗匪。但是，湖北的财政吃紧，无力聘用外国教官。于是，张之洞就提出，将自强军中已经练成的原江南护军中的500人调往湖北，作为湖北练兵的模范。朝廷方面批准了张之洞的请求。

回到湖北后，张之洞以这500人为班底，将他们分成前后两营，又招募一批士兵补足数额，编成了1000人的湖北护军。

湖北护军的建制也是效仿德国陆军，设前营步队3哨，炮队2哨；后营步队3哨，马队2哨；另设工程队1哨。全军1000人，100多匹马。湖北护军与江南自强军相比，有两点明显的变化：一是德国教官的比重下降，只有少数几个德国教官负责指挥训练，多数军官都是中国人。二是在军饷上，因为湖北不如两江富裕，他们的军费自然没有两江优厚。

湖北护军在建设过程中始终难以摆脱财政困难的问题，但是，张之洞依然想方设法扩编这支军队。同时，他还将湖北原有的一些旧式军队进行改编，使之成为新式军队。在编练新式军队过程中，张之洞主张裁撤旧式军队，把他们的经费用到新军建设上。如此，便可以在不增加军费的情况下，编练更有战斗力的新式军队。

经过几年的苦心经营，张之洞不仅编练了一支精锐的湖北护军，还将湖北原有的一些旧式军队都改编成了新式军队。当时，外国军事人员认为，湖北新军在训练和武器使用上，可以和德国陆军媲美，士兵的身体素质更是在法军之上，工程兵则与美国陆军工程兵相似，这些使得这支军队成为当时中国最好的军队。虽然这一番评价的前半部分有些夸大其词，但是后半部分确是实情，因为在当时的中国可与湖北新军媲美的只有袁世凯的北洋新军。

张之洞编练的湖北护军只是一支用于省城防务的小型军队，军队中真正的中坚力量则是常备军，也就是正规部队，保家卫国要靠他们。整编湖北常备军，也是张之洞军队工作的重点。从1902年到1907年，张之洞用了5年时间建成了湖北的常备军。

1901年清政府要求各省淘汰旧式军队，精编成新军，新军一律使用枪炮。于是，张之洞积极响应，将湖北的旧式军队改编为湖北常备军左、右两翼。此次整编的湖北常备军两翼总计共28营，7000余人。

1904年，朝廷对张之洞的湖北新军提出了整改意见，张之洞根据朝廷的意见，同时参照袁世凯的北洋新军对湖北新军进行了调整。

调整后的湖北常备军在建制上由原来的两翼改为两镇（相当于师），全军满员的情况下，总计官兵2万余人。不过，当时湖北的财力不济，张之洞拿不出供应这2万人的粮饷，他主张先编练一部分，把技术兵种全额编练，步兵可以适当减少。最终，湖北新军虽然是相当于两个师的编制，但是实际上只有大约13000人。

随着新军的建设，张之洞创办的军事学堂培养的学生也有了用武之地，这些人进入湖北新军，成为骨干力量。

1905年2月，袁世凯提议统一全国军队番号，将原有常备军各镇一律改称陆军各镇。1907年，清政府确定新军的编制，计划将全国的陆军分为36镇，分配给湖北两镇指标，为第8镇和第11镇。当时第11镇尚未完全练成，湖北实际上只练成一镇和一混成协（相当于旅），即陆军第8镇和暂编第21混成协，成为仅次于袁世凯北洋军的军事力量。据《清史稿》记载，1907年，湖北新军第8镇有士兵10502人、军官702人，第21混成协有士兵4612人、军官288人，全军官兵合计16104人。

1907 年，张之洞离开湖北进京，这时的湖北新军基本已经练成。直到辛亥革命前，湖北新军基本上没有再做过调整。对于湖北新军，各方都给予了肯定，张之洞也很满意。他离开湖北后，依然牵挂湖北新军的建设与发展，特意给黎元洪等湖北新军将领发电报，催促他们抓好新军建设。

1909 年，陆军部派人暗查南方各省的新军，回来后得出结论，南方各省的军队，以湖北为第一。张之洞得知这一结论后，很是欣慰。

1909 年 10 月，张之洞去世，1911 年 10 月，武昌起义爆发。张之洞本想用新军维护大清国、守住纲常名教（儒学），结果反而是他的新军成了清廷的掘墓人。

警务建设

警察是当今社会不可或缺的重要组成部分，他们在维护治安、保护人民群众生命财产方面起着重要作用。不过，古代中国军警不分，警察的职责一般由军队代为执行。现代警察制度起源于欧洲，法国在 1667 年就建立了警察制度；而英国则在 1829 年出现了现代意义上的警察。在中国最早提出建立警察制度的则是张之洞和刘坤一，当时他们两人联名上奏朝廷，指出建立警察制度的好处。但是，他们的提议并没有得到恩准，毕竟在当时的中国，即便是慈禧太后和光绪皇帝，也不了解什么是警察。直到八国联军侵华之后，清政府才开始意识到警察的重要性。

在此之前，在各国的租界里已经开始出现警察，租界当局称之为巡捕。英国租界里的巡捕一般都由印度人充任，法国租界里的巡捕则多是越南人。这些巡捕拿着短棍，在租界里来回巡视，维持治安，各地租界秩序井然。

和租界良好的社会秩序形成鲜明对比的是租界之外的区域，这些区域由中国方面管辖，沿用的还是古代的衙役。衙役在维护社会秩序上明显不如警察，租界之外秩序混乱、盗贼横行，与租界相比简直是差若天渊。

八国联军攻占北京、天津之后，他们要求清政府的军队不得驻守天津城。由于当时中国军警不分，没了军队，也就没人去维护治安了，一时间天津的社会治安陷入危机。这时，坐镇天津的袁世凯想出了一个主意：他从北洋新军中挑出 3000 名士兵，让他们把军装换成警服，以警察的身份出现在天津城，维护天津的治安。

虽然中国军警不分，但是，西方列强却分得清楚，他们只是不允许清廷在天津城驻兵，却并没有规定不能派警察。就这样，袁世凯在被逼无奈的情况下，建立了我国真正意义上的警察制度。

袁世凯的这些警察进驻天津城之后，很好地发挥了他们的作用，维持了天津的治安，使之前的混乱局面大为改观。这也使清政府意识到了警察的重要性。

1905 年 10 月 8 日，慈禧太后批准了袁世凯的建议，并责令设立巡警部，巡警部成为全国统一的中央警察主管机构。巡警部下属分别设有警政、警法、警保、警务及警学等 5 个部门，统领全国警察事务。这标志着中国现代警察制度的正式建立，由此，全国各地都建立起了真正意义上的警察制度。张之洞等人的提议很有先见之明，这也足以证明张之洞见识不凡。

张之洞在湖北建立警察制度则是在1902年。他的警察局最初设在武昌城内的阅马场演武厅，随后搬到别处更名为警务公所。警务公所分为总务、行政、司法、卫生4个部门，负责管理城内各项事宜。为了便于管理，警务公所又分设了东、西、南、北、中5个专局，在城外则设了上、下两个专局，总计7个专局，所谓专局，类似于今天的公安分局。在每个专局之下又设立两个区，区则类似于今天的派出所。武昌的警察局成立时，招收训练了550名普通警察、30名骑警，还有200多名清洁工。这些人员成为武昌警察最早的组成部分，有效地维护了武昌城的秩序。后来，汉口、汉阳也先后设立了警察局。

武汉的警察系统刚刚建立时并不完善，在规章制度上还存在不少漏洞，不管是警官还是警员很多都并不称职。由于不少警察都是由以前的衙役来充任的，所以这些警察带有浓重的旧习气，工作效率低下，甚至知法犯法。

这个时候袁世凯的天津警察也只是刚刚出现，所以，中国人并没有什么建设警察制度的经验。张之洞想到了日本，明治维新后的日本全面学习西方，也建立了自己的警察制度，可以参考借鉴。于是，在1902年，张之洞就派了一批人去日本学习警察制度的建设。同时，张之洞还打算建立警察学堂，培养合格警察。

1903年，张之洞的警察学堂成立，由前期派往日本学习警察制度建设的人员担任教员。1904年，张之洞又派了一批人去日本，继续积蓄人才。1905年，警察学堂扩建，效仿日本警察学校招收学员的方法招收学员，学制两年半。同时，张之洞还聘请了3个日本教师，以协助他提高警察学校的办学质量。1907年，警察学堂有300多人毕业，这批学员全部被派往武汉各地的警察局实习，为期3个月。实习结束后，这些经过专业培训的警察被授予正式职位，至此，武汉的警察事业才算走上正轨。

1908年，此时张之洞已经离开了湖北。这一年朝廷下令整顿全国各地的警察学堂，张之洞办的警察学堂也随之接受整改，原来的警察学堂被拆分为武昌高等巡警学堂和武昌巡警教练所。后来，随着中国人对警察制度的认识越来越深刻，包括武汉在内的各地警察建设都不断完善，成为维护社会治安的重要力量。

7 代理两江 入参军机

清朝乾隆皇帝以后，全国共设有八大总督，分别为直隶、两江、闽浙、湖广、陕甘、四川、两广、云贵总督。张之洞先后担任过两广总督、湖广总督，在担任湖广总督期间，他还两次代理两江总督。先后担任三个地方的总督，张之洞的重要性可见一斑。张之洞在进行地方建设的同时，也越来越多地参与朝政，在清末政坛上起着举足轻重的作用。

坚持实业

1894年，中日甲午战争爆发，两江总督刘坤一奉命北上，指挥对日作战。两江是当时中国最为富庶的地区，当时的上海也隶属两江，传统说法中的江南主要就是两江总督的辖区。如此重要的地方，自然不能缺少一位得力的总督。朝廷经过一番考察后认为，张之洞为人可靠，不热衷于培养个人势力，而且湖广紧邻两江，交通便利，所以，朝廷决定让张之洞先暂时代理两江总督。1894 年 10 月，张之洞抵达两江，继续坚持兴办洋务。

当代有句俗语，叫“要想富，先修路”，话虽简单，但是其中的道理却不简单。交通对于经济的发展有着至关重要的作用，尤其是近代商业模式兴起之后，交通的重要性愈加突出。以上海为例，它就是凭借地处长江入海口的优越位置，在短短百余年间成为中国乃至世界范围内的大都市。交通的重要性张之洞早已洞悉，他在湖北积极搞交通建设，到了两江之后，也依然不忘发展交通事业。

当时两江总督的驻地在江宁（今南京），上海经过西方侵略者的建设，也成为国内极为重要的一座城市。在张之洞到达两江时，江宁和上海之间并没有修建铁路，主要交通线是长江。长江航运虽然便利，但是，却受到自然因素的制约，而且轮船的航行速度较慢。火车则不同，受环境影响很小，速度也比轮船快。另外，两江之地向来富饶，在资金上要比修建京汉铁路宽松不少。而且，两江经济发达，对交通运输的需求很旺盛，铁路建成，必然可以获得丰厚的利润。再者，铁路对于国防意义重大，两江又是重要地区，两江有变，可以通过铁路快速调兵遣将，维持稳定。总之，张之洞认为铁路一开，百废俱兴。于是，1895 年 6 月，张之洞根据两江的情况，设想修建一条从上海到江宁的铁路，这也就是后来的沪宁铁路。

张之洞是个办实事的人，他可不会只喊喊口号。打定主意之后，他立即投入行动。他很快就招来外国的铁路工程师，进行路线勘测。对于沪宁铁路的勘测，张之洞计划分为两部分，一部分是南京到苏州，另一部分是苏州到上海。经过几个月的勘测，取得了可喜的成绩，验证了张之洞建铁路这一设想的可行性。与此同时，张之洞还积极联络当地乡绅，获得了他们的支持。

前期准备得当之后，张之洞在1895年底上书朝廷，正式申请建沪宁铁路。朝廷方面有鉴于甲午战争失败的教训，也想通过办洋务富强起来，所以，张之洞办铁路的申请很快就得到了朝廷的批准。不过，此时中日战争已经结束，李鸿章也在《马关条约》上签了字，刘坤一自然没有仗要打了，朝廷决定让他回到两江总督的任上。所以，张之洞申请办沪宁铁路这件事，朝廷决定交给刘坤一具体实施。

此时的刘坤一虽然已经由一个保守派转变为洋务的支持者，但是他并没有建铁路的经验。张之洞则担心把这些进行到一半的工作直接交给刘坤一的话，可能会造成很多不必要的麻烦，所以，他打算把筹办工作完成了再交给刘坤一继续办。

沪宁铁路的修筑计划提出之后，摆在张之洞面前的第一个问题就是商办还是官办。就张之洞个人而言，他是倾向于官办的。但是，江苏当地的乡绅却提出了商办的要求，他们想自己建设从江苏到上海的这一段铁路。虽然商办可以减轻政府财政的压力，但是，张之洞此时对于商办铁路还是持谨慎的态度。他回复当地乡绅说，铁路还在勘测阶段，等进入实施阶段再谈采用哪种形式。也就是说，是商办还是官办，张之洞并没有拿定主意。

在与当地乡绅不断商谈的过程中，张之洞逐渐意识到江苏的乡绅财力雄厚，或许有能力商办。最终，张之洞认为，不同的路段可以采用不同的策略来建。如果当地乡绅有财力，自然可以由当地商办，如果当地没财力，则由官办。

但是，究竟哪一段商办，哪一段官办呢？对于这个问题，张之洞一直没有确定下来。另外，张之洞离开两江也已经是确定的事了，这就使得当地乡绅的积极性下降，他们开始观望。还有就是江苏当地的一些官员对建铁路也没有兴趣。这些因素使得张之洞的筹备工作进行得就没那么顺利了。

为了说服江苏地方官员配合铁路建设，张之洞可谓是苦口婆心。他不厌其烦地向各地方官解释。张之洞向来是边办事边筹钱，而当时的江苏巡抚赵舒翘要求张之洞先把钱筹齐再考虑建铁路，否则他就不会和张之洞合作。张之洞只得发电报向他解释为何要如此，并做出各种保证。虽然有张之洞的一番解释和保证，但是赵舒翘还是表示怀疑，他害怕铁路建成后不能带来预期的利益，更怕建铁路时借洋款，让洋人操纵铁路。为了说服赵舒翘，张之洞只能尽量满足他的要求，可谓是一再退让。最终，赵舒翘算是勉强同意和张之洞合作。

筹备工作进行得不顺利，刘坤一也在1896年上半年回到了两江总督任上。对于筹划中的沪宁铁路，刘坤一并不积极，他担心长江航运会和沪宁铁路争夺市场，影响铁路的盈利；后来又担心一旦铁路盈利超过长江水运，洋人很有可能会来抢夺沪宁铁路的路权。更让刘坤一不满的是，张之洞筹集来用于建设沪宁铁路的资金竟然被挪走建设京汉铁路了。

张之洞回到湖北后，虽然把注意力集中到了建京汉铁路上，但是他也没有忘记沪宁铁路的建设。考虑到刘坤一对沪宁铁路不积极，张之洞就建议将沪宁铁路交给盛宣怀来办。盛宣怀是个有雄心的人，所以，张之洞一提此事，他就很积极地配合起来。最终，经朝廷同意，沪宁铁路正式交给盛宣怀来修筑。

中日甲午战争后，列强掀起了瓜分中国的狂潮，此时的张之洞则计划利用铁路来牵制各方，以此维护中国的统一。出于这样的考虑，他把粤汉铁路修筑权交给了美国人，同时他又打算把沪宁铁路修筑权交给英国。1897 年，在张之洞的授意下，盛宣怀和英国人谈判借款事宜。不过，因为双方要求难以统一，只能无果而终。

与此同时，德国人开始侵入胶东半岛，并在一个小渔村的基础上大兴土木，兴建青岛，德国人的想法是要把青岛建成他们海外殖民地的模范城市。在此期间，德国人不断谋求在山东的筑路权。张之洞得知此事后，极力反对，他主张把沪宁铁路的筑路权交给德国，进而希望德国人放弃在山东建铁路，同时牵制英国。此时张之洞根据形势的变化，已经不再希望和英国人合作了。而且，张之洞认为，如果任由德国人在山东筑路，那么，铁路将很快通到北京，届时德国人的势力就可以轻而易举进入北京。但是，张之洞的主张没有的得到朝廷的认可，朝廷对此已经有了决定，要继续和英国人合作。

张之洞一番心血，朝廷却无动于衷，他这也算是自寻烦恼。此后很长一段时间他都没有再过问沪宁铁路一事。所谓无巧不成书，1902 年，张之洞再次和沪宁铁路联系到了一起。1902 年，刘坤一在两江总督任上去世，张之洞再次受命，调任两江总督。这次，一直没有实质性进展的沪宁铁路总算是在张之洞手上尘埃落定。

1903 年，中英双方关于沪宁铁路的借款合同正式签订，中国先后可向英方借款 290 万英镑。1905 年 4 月 25 日，沪宁铁路分成上海—苏州、苏州—常州、常州—镇江、镇江—南京四段同时开工建造。经过 3 年建设后，沪宁铁路于 1908 年 4 月 1 日全线通车，当时线路全长 311 公里，由上海北站至南京下关站，沿途共设车站 37 个。当时火车的速度很慢，从上海到南京需要 10 个小时。

张之洞利用两次代理两江总督的机会最终建成了沪宁铁路，经他的努力，争取到了以较好的条件和英国人签订借款合同，解决了铁路建设的经费问题，维护了国家利益。虽然在沪宁铁路筹建过程中，张之洞对于借款的态度几经转变，但是，他的根本目的只有一个，那就是尽最大努力维护国权，这也是一个落后的国家在面对列强时的无奈之举。

在代理两江总督期间，张之洞除了积极筹划修建沪宁铁路，还在其他方面做了不少工作。

对于沪、宁等重要商埠的公路建设，张之洞也很重视。1895 年，他在江宁城里修建了一条通往长江沿岸的公路，还修建了浮桥，方便了民众的运输。此后不久，张之洞又在上海修了一条公路。

张之洞修路，除了要方便百姓之外，还想着利用修路来抵制列强扩建租界。当时，随着列强不断侵入中国，他们的租界也越建越大，而各国租界的分界线往往是路，他们把路修到哪，哪就是他们租界的边界。对此，张之洞极为不满，可是国家贫弱，根本无力阻止列强。于是，张之洞想到通过修路来阻挡洋人扩建租界。他设想，如果把各国修的路都连到一起，让他们分不开，那么，洋人不就没法划分租界了吗？然而实际上，西方列强在中国的扩张并不是仅仅凭借几条路得以实现的，其背后是他们强大的国家实力，所以，张之洞的这个想法难以阻止西方列强的扩张。

江南地区河网密布，水运条件非常优越。张之洞到两江之后，积极开发当地的水运资源。1895 年，张之洞在上海成立了内河轮船总局，计划招商开办向各个方向的水运业务。张之洞设想，要开通上海到苏州、苏州到镇江、镇江到清江、上海到杭州的湖州、上海到宁波的台州、吴淞到崇明等地的航线。在张之洞的计划中，这些航线既可以载客，也能运货。如此一来，不仅方便了百姓与商人，官府也能通过收税来增加财政收入。

张之洞曾经计划在武昌办两个纱厂，可办成一个后却无力再办另一个，多余的设备都滞留在上海，无人问津。张之洞到两江之后，想起了他的这批纱厂设备，于是提议在两江办个纱厂。最终，他找到了张謇来接收这批设备。张謇则利用这批设备办了大生纱厂，他也成为著名的实业家。

为了促进民营制造业的发展，张之洞又在上海、苏州、江宁等地为民间商人提供商业贷款，总计 230 多万两。张之洞要求获得这些贷款的民间人士要以此兴办各种工厂，包括缫丝厂、糖厂、蜡烛厂、火柴厂、水泥厂等等。按规定，借款最高额度不超过十万两，年息六厘，分十年还清。可是，当地百姓并不买账，很少有人来借款。张之洞的这一刺激制造业发展的计划没能见效。

张之洞在两江期间，除了积极推动当地实业发展之外，还主动保护当地商人的利益。江南是当时商业较为发达的地区，而中国传统上是重农抑商的，对于商人多有贬抑。清末一些保守派的大臣时不时地对商人进行攻击，其中有不少被攻击的商人就是两江地区的。张之洞则尽力为这些商人开脱，以保全他们的利益。

由于张之洞做事不喜张扬，也不为个人名誉，所以，很多得到过张之洞保护的人，根本就不知道张之洞保护过他们。

甲午主战

1894 年爆发的中日战争，对中日两国产生了深远影响：中国的民族危机空前加深，半殖民地化更加严重；日本则在这次战争中向世界证明了自己已经成为亚洲强国，巨额的战争赔款更是加速了日本的发展。作为清末举足轻重的人物，张之洞在战争中的作为，值得探讨一番。

对于中日甲午战争，中国方面可以说是仓促应战，而日本则是蓄谋已久。

战争爆发前，中国方面始终不相信日本敢对中国开战。面对日本不断向朝鲜增兵的事实，清政府不仅不备战，反而企图通过欧美各国的调解化解此次危机。就在战争爆发前不到一个月，李鸿章还声称日本方面绝不会首先向中国开战。即便是前线的指挥官，也是在战争爆发前临时调派的。这样的“备战”态度，使得清军处处被动。

日本方面则不然。明治维新以后，日本很快就制定了对外扩张的计划。1887 年，日本政府制定了所谓的“清国征讨策略”，后来逐渐演化为以侵略中国为中心的“大陆政策”。这一政策的第一步是攻占台湾，第二步是吞并朝鲜，第三步是进军满蒙，第四步是灭亡中国，第五步是征服亚洲，称霸世界。而中日甲午战争就是日本实现“大陆政策”前两个步骤的重要环节。

在具体实施过程中，日本更是处心积虑。在中日甲午战争之前，日本方面考虑到中国是传统大国，又开展了洋务运动，所以日本即便是进行了明治维新，也没有十足的把握打败中国。事实上，当时的中国也确实强于日本，中日在朝鲜的冲突始终是中方占优势。为了打败中国，日本可谓是孤注一掷。

从1890年起，日本每年拿出国家财政的60%来发展海军和陆军。1893年，明治天皇更是决定每年从自己的宫廷经费中拨出30万元，再从文武百官的薪金中抽出十分之一，补充造船费用。此时的日本举国上下士气高昂，以赶超中国为奋斗目标，准备进行一场以“国运相赌”的战争。

此时的中国则完全是另一番景象。北洋海军自1888年正式建军后，就再没有增添任何舰只，舰龄渐渐老化。1891年以后，北洋水师甚至连枪炮弹药都停止购买了。而慈禧太后呢，居然挪用了大批海军的军费给自己修颐和园。

就这场战争而言，仅凭双方在战前的态度，就足以预见战争的结果。当时，满清高层的大多数都意识不到日本的狼子野心，不过，也有一小部分清醒的中国人看到了日本的威胁。这其中就有张之洞。

随着日本向中国开战的意图越来越明显，身处内陆的张之洞开始积极关注朝鲜问题。为了及时了解日本方面的动向，张之洞主动联系两江总督刘坤一、北洋大臣李鸿章，此外，他还联系了当时尚在天津的盛宣怀以及驻日大使。

通过分析自己得到的各方消息，张之洞感到日本政府对待朝鲜问题的态度和日军在朝鲜的行动极不正常，他认为，一旦朝鲜出现问题，中日之间必有一战。有鉴于此，张之洞多次向朝廷陈述对时局的看法。同时他还通知台湾方面，暗示情况复杂，希望台湾方面能够积极备战，多筹集枪支弹药，以防不测。另外，在自己的辖区内，张之洞也积极备战，下令湖北各处驻军严密防备。

战前，张之洞得到消息，日本方面向中国派出大量间谍，这些间谍不仅刺探情报，还妄图扰乱民心。为了确保后方稳定，张之洞在湖北严查日本间谍，经过一番努力，抓获了湖北境内的不少日本间谍，打击了他们的嚣张气焰。同时，张之洞还整顿纪律，治理官场陋习，以此团结民众，稳定民心。

汉阳铁厂和湖北枪炮厂都是重要的战争资源，它们对战争的结果至关重要。为了鼓励铁厂和枪炮厂的生产，张之洞上奏朝廷，请求对厂内有功人员进行褒奖。随着战争的临近，张之洞加快了铁厂、枪炮厂的建设速度，将其他费用都拿来建设这些重要工程。张之洞还向两江总督刘坤一借来船只，用于为铁厂运输矿石和煤炭，以确保铁厂生产。为了提高枪炮厂的产量，张之洞还联系清政府驻外公使帮忙购买生产枪炮的原料。张之洞积极备战，必然要花费大笔的银子，而战前清政府又不断散布中日要和解的消息，于是，就有人指责张之洞乱花钱。对于这些指责，张之洞很无奈，但是，他还是坚持备战。

长江是当时非常重要的交通线，中日关系紧张后，张之洞便在辖区内的长江沿线积极布防。当时，日本在向朝鲜增兵的同时，又声称要派兵进入长江。张之洞得到这一消息后，便十分注意长江防务。他指出，日本窥视长江已久，应当加强防务，以备不测。湖北虽然在内陆，但是，守卫长江一事却不能放松。为此，他还亲自到长江沿岸视察江防，监督沿江炮台的建造。另外，他还联络刘坤一，一起加强长江防务。

通过张之洞战前的这一系列举动可以看出，张之洞是当时少有的能够较早警惕日本的官吏。他的举动和慈禧太后、李鸿章等人形成了鲜明对比，这足以显示张之洞的一片爱国心。

1894 年 7 月 25 日（农历甲午年六月二十三日），日本不宣而战。日本海军在朝鲜丰岛海面袭击了北洋水师的战舰，日本蓄谋已久的战争终于爆发了。8 月 1 日，清政府被迫对日宣战，战争全面爆发。

此时，清政府再也不能幻想中日和解了，而张之洞较早警惕日本、积极备战的态度得到了朝廷的认可，张之洞关于对日作战的奏折也得到了朝廷的重视。此时，张之洞更加积极地参与到对日战争，几乎每天都向朝廷发电报，阐述自己关于对日作战的看法和建议，最多的时候一天就发了三四次电报。

在电报中，张之洞分析当时的战争形势，特别是日本的行动及日本政府的态度，催促清朝政府下决心坚持抗战，放弃避战求和的主张。张之洞通过分析当时形势，认为此时和日本和谈，日本必然会得寸进尺，甚至会认为中国软弱可欺，所以，必须和日本战斗到底。张之洞还不断向清政府通报他所获得的日本信息，引导最高统治者认清倭寇凶残贪婪的本性，以坚定抗战的决心。

张之洞的电报还为清政府详尽地分析了中日双方的实力及军事的优劣与特点，认真地找出自己的缺点和弱点，试图使最高统治者和决策人物有个清醒的头脑，对这场战争有一个正确认识，采取积极措施，夺取这场战争的最后胜利。

张之洞认为，在这场战争中，与日本相比，中国不存在兵源上的问题，但是缺乏懂得现代战争的将领；中国也不缺乏军饷，而是缺乏新式武器。因此，他不断地向清政府建议速调全国精兵强将上前线，尤其强调要调遣那些和洋人打过仗的将领来带兵，要采取扬长避短的战略战术同日本打持久战。张之洞认为，日本军队士气正盛，他们妄图凭借优势火力速战速决，而且他们是小国，不利于持久战。如果中国方面能够将战争时间延长，日本方面必定难以支撑。届时，中国方面再集中力量反击日本，必然能够取得最终胜利。

为此，张之洞还积极向清朝政府推荐将才，并主动设法在海外秘密购买军火。他的这些行动再次遭到了清朝政府中避战求和派的攻击，说张之洞是好乱花钱的人。但张之洞毫不气馁，为了避免过多与其正面交锋、影响购买先进的洋军火，张之洞便改变策略，让前方将领提出购买军火的要求。同时，张之洞还向清政府解释，购买军火和招募士兵不同，临时招募士兵也要花钱，而战争结束后，士兵一旦被遣散，前期花的钱就收不回来了。如果买军火，那么即便是战争结束，这些军火依然可以继续使用，有利无害。

张之洞还建议清朝政府加强信息工作，为正确决策提供依据，为稳定军心民心的宣传工作提供有说服力的资料。张之洞认为，要想制敌，必须先了解敌情。当清政府被迫向日本宣战后，张之洞即奏请朝廷将熟悉日本情况的袁世凯、黄遵宪调到北京，以了解日本方面的情况，为战争提供参考。

此外，张之洞根据自已多年来的经验，再次强调加强通信的必要性。他指出，眼下时局日益紧张，要加强沟通，就得多铺设电报线路，一旦通信受阻，必然会造成严重后果。尽管铺设电报线路费时费钱，但是，这件事决不能拖延。为了增强说服力，张之洞还列举了信息不准、电讯不灵导致决策失误和影响社会稳定的事例。

张之洞认为，当时远离京城的各省谣传四起的重要原因，就是由于上下信息不灵，官民不能及时、准确了解前方战事和时局变化，地方官吏又无法向民众做出令人信服的解释。因此，他极力建议朝廷将由北京通往各省的电线多设一两条以防万一。甚至到了战争后期，张之洞仍向清政府呼吁，军情传递最为要紧，一旦由北京通往外省的电报线路受阻，必然要误事。

张之洞在积极、主动向清朝政府议战事、提建议、出主意的同时，更以实际行动搞好筹饷、筹械、筹运等后勤工作和本辖区防务工作，全力支援抗战，冀图以此来影响全局，影响清政府坚持抗战。

考虑到前线急需兵源，张之洞便在湖北亲自为前线挑兵选将，主动把湖南、湖北地区现有的精兵强将送往前线。张之洞认为，当前第一要务是要筹备充足的军火，尤其是要多备西洋枪炮，否则，将难以御敌。

要想筹备新式武器，最便捷的方式就是直接从国外购买。但是，中日宣战后，各国都声称要保持中立，因而武器出口就受到了限制。此时找洋人买军火，不仅难买，而且价格还比平时高。张之洞是一心想要把这场战争打下去的，所以，他不顾这些困难，一面积极筹款，一面试图通过第三方购买武器。同时，他还把湖北库存的武器全部拿出来支援前线。另外，他还不断要求湖北枪炮厂提高产量，以供应前线。

到 1894 年 10 月，也就是战争刚进行了两个多月时，张之洞为买军火就已经花费了 42 万两银子。湖北的精锐部队也都悉数北上，参加对日作战。此时的湖北，不论是钱财还是兵员都已经见底了。为确保抗战前线将士的供给，张之洞还设法四处借款，以应军需。当前线军情紧急，调往前线的各军由于缺款无法找到轮船及时将士兵运往前线抗战时，张之洞建议租用招商局轮船运送各军赴前线，并主动承担租金，从而卓有成效地支援了前方的对日作战。

张之洞为对日作战一事，夜以继日地工作，做出了时人公认的显著成绩。但因长时间辛劳得不到休息，他终于积劳成疾，于10月初病倒在湖广总督任上。张之洞不分派别、顾全大局的精神和卓有成效的办事能力，不仅得到了同仁的称赞，同时也得到了最高统治者光绪帝和慈禧太后的肯定。此时，两江总督刘坤一奉命北上指挥对日作战，朝廷因为张之洞在广东时与法军作战，主持军务，应付自如，再加上这次对日作战的突出表现，在其病尚未愈时，便将他调往江宁任两江总督，主持南洋军务。

11月13日到职后，张之洞深感守备两江任务艰巨，责任重大，关系全局。他说江南地段太广，沿海沿江处处精华，防不胜防，但一定要防。因此他昼夜戒备，刻刻提防，严防倭寇进犯两江，窜进长江。他到江宁后便马不停蹄地巡视沿海沿江，检查防务，查出江南防务存在着12个不适应战争要求的问题，感到实出意料。根据巡查的结果，张之洞决定对两江防务进行全面整顿，以防日寇进犯。

刘坤一北上，带走了不少两江的将领，这使得驻守两江的部队战斗力下降，为此，张之洞着手整顿部队，引进将才。他上奏朝廷，请冯子材率兵来两江驻防，协助两江办理吴淞沿海等处的防务。在冯子材之外，张之洞又向朝廷请示，把一批有作战经验的将领调到两江，随时听候张之洞的调遣。同时，对于备战不利的将领，张之洞也上奏朝廷，要求对其进行惩处，甚至是革职查办。此外，张之洞还严令禁止水陆各营克扣军饷、摊派钱粮、携带家眷、吸食鸦片。他极力革除军队陋习，整顿军队，提高战斗力。

两江总督辖区内不仅有长江水道，还有漫长的海岸线，张之洞要求两江辖区内沿江沿海的炮台也要整顿，对于不符合新式战争需要的一律改建，添置新式枪炮。对于购置武器的资金，张之洞建议由当地富商捐款，同时，他坚决反对向当地普通百姓摊派。为了加强两江辖区内的相互联系，张之洞又铺设了一批电报线路。

对于两江地区的沿海防务，张之洞并没有单纯依赖军队，而且当时两江地区的军队也确实难以应对两江的防务。于是，张之洞充分发挥人民的力量，在沿海、沿江地区办起了渔团、民团，实行军民联防。张之洞希望能够将当地渔民组织起来，进而实现全民皆兵，让侵略者有来无回。为激励渔团、民团在海防、江防中发挥战斗作用，张之洞亲自拟定奖惩并施的六条规定，并要求各部门广泛宣传，以求家喻户晓。

由于张之洞采取了上述一系列措施，江南防务很快得到改善，军民团结、严阵以待之势，使得侵略者不敢贸然侵犯。同时，张之洞一如既往，不分派系，承担比以往更重的为前方各军筹饷、筹械、筹运、募勇等任务。

张之洞在战争期间，将当时两江财政的一半用作了对日作战。到 1895 年 1 月初，两江北上参加对日作战的部队达到 50 多营，而这批部队的粮草、武器等全部由两江自行供给。随着前线战事吃紧，朝廷又招募了 10 营士兵北上，由于国库空虚，张之洞就主动承担了这些士兵的粮饷。山东威海危急时，张之洞还主动送去快枪 1000 支，子弹 100 万发。山东巡抚李秉衡对此深表感激。

张之洞虽然为对日战争积极奔走，但是，中日对决的结果绝不是一个张之洞能够左右的，两国在政治、经济等方面的差异才是决定战争结果的根本原因。所以，中日之战，以资本主义的日本取胜而告终。

战争失利，谈判求和似乎成为清政府唯一的选择，一时间避战求和派大权在握。按照日本方面的要求，李鸿章被清政府任命为对日谈判大臣，由他负责和日本签订条约。1895 年 2 月 14 日，李鸿章一行从天津前往日本议和。

清政府求和政策确定以后，为了早日停战，防止主战派对其既定乞和方针进行干扰，对国人，甚至像张之洞这样的封疆大臣也严密封锁消息。为及时了解清廷的意图变动和准确的谈判消息，张之洞多次请求清政府将对日谈判的相关事宜告知他这个两江总督。结果，清政府先是拒绝，后来见张之洞催得紧，就将张之洞斥责了一番。但是，张之洞并不放弃，他继续关注对日事宜，多次与各国驻华大使、有关官员、前线将领联系，希望得到尽可能详细的信息。为此，他甚至还直接向李鸿章发电报询问情况。

当张之洞得知日本想要在台湾取得开矿权后，他当即电奏朝廷，要朝廷权衡利弊，一定不能答应日本的要求。随着谈判的展开，日本的野心也逐渐暴露出来，他们何止要台湾的开矿权？他们是要求清政府割让整个台湾！同时，还有巨额的战争赔款！张之洞得知这些消息后，三次电奏朝廷，要求不要再与日本议和，他希望朝廷能将对日战争进行到底。同时，他痛斥李鸿章避战求和的行为，指责这是明哲保身，妥协误国。他甚至强烈要求清廷对李鸿章严肃处理，以谢天下。

张之洞力争主权，反对丧权辱国的举动，在朝野内外立即引起了强烈反响。坚持抗战、反对和议的官吏、士绅们纷纷上疏，痛陈和议之害，要求惩治李鸿章等人。清政府也认为日本政府索要过多，指示李鸿章继续谈判。李鸿章自然知道自己要签订的是又一个丧权辱国的条约，他既不想与日本继续作战，也不愿意谈判破裂，所以他只能苦苦哀求日本方面少勒索一些。但是，日本方面看清了中国的底线，所以，他们态度强横，根本就不理睬李鸿章的哀求。

就在双方僵持之际，发生了一件意外的事。

1895 年 3 月 24 日，中日第三次谈判结束后，李鸿章在回到住所的路上，遭到一个日本人行刺，造成李鸿章左眼下受伤。此次意外事件的发生使日本的谈判优势锐减，令日本政府极为狼狈。日本担心清政府因此而放弃谈判，进而寻求其他解决途径。因而，天皇、皇后派遣医生和护士对李鸿章进行治疗并给予慰问。

考虑到李鸿章挨这一枪，同时西方国家也不满日本胃口过大，所以，日本方面将谈判条件降低了一些，其中对辽东半岛的割让范围适当收缩，赔款减少一亿，通商口岸减为四处，但仍十分苛刻。最终，李鸿章在万般无奈之下，签订了这一条约。

对于这一条约，张之洞痛心疾首，他在明知清政府决心已定，难以挽回的情况下，仍然不断电奏朝廷，指出此条约对中国的危害，并着重分析了台湾的形势。张之洞认为，这一条约是在李鸿章受伤昏迷的情况下签订的，中国完全可以置之不理。他甚至建议清政府迁都，继续与日本作战。然而，此时求和已成定局，张之洞的提议遭到了李鸿章和朝廷的严厉申斥。

眼看台湾即将不保，张之洞不愿坐以待毙，虽然他不能阻止清政府割让台湾，但是他打算资助台湾百姓反抗日本的入侵。清政府抛弃了台湾，但台湾人民不愿沦为日寇的奴隶，于是，台湾的一批有识之士成立了“台湾民主国”，试图以自己的力量反抗日本的侵略。张之洞闻讯，立即向他们提供了30万两银子，表示支持。同时，他又命令两江总督管辖的机器局抓紧时间制造武器，以便支援台湾的抗日战争。另外，张之洞还筹集了一批广东方面的武器，也一并交给台湾方面。这一系列举动，有力地支持了台湾人民的抗日战争。

然而，张之洞支援台湾的举动却违反了朝廷的既定方针。李鸿章得知张之洞的举动之后，电奏朝廷，指责张之洞煽动台湾百姓搞叛乱。朝廷也对张之洞的行为不满，要求张之洞不要再过问台湾事务，也不要再给他们武器。在各方面的压力下，张之洞再也无法接济台湾了，只好给镇守台湾的刘永福发了电报，要他自行决定是去是留，至于钱款和枪械，张之洞再也不能供应。刘永福在台湾坚持战斗，一直到9月，弹尽粮绝，不得已撤回了厦门，台湾完全落入日寇之手。

张之洞的这番表现，显示了他强烈的民族英雄气概，他那公然违抗清廷卖国旨意，支持台湾军民自主保台斗争的举动，确令世人钦佩。

张之洞无法阻止签约，也不能援助台湾，于是他想到了结强援来牵制日本。张之洞曾设想，和英国、俄国等结成同盟，许诺给他们商业利益，以此让他们帮助中国对抗日本。为了实现结强援的目的，张之洞甚至不惜向英国、俄国割让土地。张之洞的设想固然不可取，也无法实现，但是，对当时清政府外交政策的某些变化，特别是对促进俄、法、德干涉日本放弃辽东半岛起了一定作用。

张之洞明白，结强援的主张，亦不过是维持垂危的清朝统治的应急之策，彻底解决问题还是要靠自强。因此，在“三国干涉还辽”之后，朝野内外有些官吏以为有列强支持就可以维护大清的安全，而张之洞则认为，中国的危机根本没有解除。为此，他夙夜忧惧，接连向清廷上呈补救之策。他建议朝廷加强陆、海军建设，抓铁路建设，在各省设枪炮厂，广开学堂，兴办商务，讲求工政，派文武官员出国考察等。

张之洞在甲午战争期间，虽然有不恰当的主张，但是他的主观愿望还是好的。张之洞维护国家领土主权、坚持抗战的旗帜是鲜明的，爱国立场是十分坚定的。他的爱国言行和爱国精神，曾影响了朝野，在当时确起了一定积极作用。

戊戌变法

中日甲午战争中国惨败，签下了丧权辱国的《马关条约》。大片国土的丢失、巨额的赔款，强烈地刺激了一批不甘就此沉沦的中国人。以康有为为代表的维新派试图通过在中国建立资本主义制度来拯救陷于危难的国家和民族。同时，以张之洞为代表的开明官僚也在尝试改造中国。康有为和张之洞改造国家的方式很相似，都是兴起于西方的新式工商业。但是，他们改造国家的目的却截然不同：康有为试图在中国建立全新的资本主义制度，而张之洞想的却是利用新式工商业来维护传统的封建统治秩序。这一同一异，注定了他们复杂的关系：他们是盟友，也是对手。

1895年，签订《马关条约》的消息传到北京。此时，大批学子正在北京参加会试，《马关条约》的内容令这些饱读圣贤诗书的学子们无法接受，一时间，群情激奋。这当中最为活跃的当属康有为。

这一年康有为37岁。按理说，已经年近不惑的他，早就过了年少气盛的时期。但是，事实上此时的康有为比许多年轻人还有激情，按照今天的理解，他就是个不折不扣的“老愤青”。他听说《马关条约》后，也不再理会什么科举考试，而是四处走动，游说其他在京参加考试的学子，希望大家联合起来向皇帝上书，不要签下这个条约。

最终，康有为联合了1500多名在京参加科举考试的举人向皇帝上书，提出拒和、迁都、变法的主张。拒和就是要跟日本人继续打下去，迁都也不是小事，变法更是事关国体。这么庞大的计划，自然不是这些还未踏入官场的学子可以决定的。学子们的提议上呈到相关部门后，相关部门告诉他们，和约已经签字了，说什么都晚了。就这样，一大批学子的爱国心被这些官僚浇了一大盆冷水。

虽然没能向皇帝成功上书，但是，他们提出的内容却以小道消息的形式流传开来。一时间，但凡有点见识的人，都觉得这些学子言之有理。

此时，不仅仅是康有为这些人想要变法救国，张之洞也强烈呼吁清政府进行改革。1895年7月，张之洞给朝廷上了一道奏折，名为《呈请修备储才折》。在这个奏折里，张之洞提出了一系列的改革建议，例如，加强陆、海军建设，抓铁路建设，在各省设枪炮厂，广开学堂，兴办商务，讲求工政，派文武官员出国考察等。光绪皇帝也不愿当个亡国之君，如果大清的江山毁在他手里，他怎么面对他的列祖列宗？于是，在从上到下各种变革的呼声中，维新运动蓬勃发展起来。

康有为他们这些维新派想给皇帝上书，但是却没有门路，根本就见不到皇帝。于是，他们想到成立一个机构来宣传他们的主张。1895 年，在康有为的支持下，维新派的重要政治团体“强学会”在北京成立。为了表示对强学会的支持，当时正在担任两江总督一职的张之洞，向强学会捐款 5000 两白银。此时，张之洞的儿子张仁权正在北京供职，张之洞就让他的儿子也参与了强学会的创办。

当北京的维新宣传不断高涨时，康有为来到南京，拜见张之洞，向张之洞宣传变法。康有为在南京一住就是 20 多天，张之洞也不顾公务繁忙，隔一天就和康有为聊一次，一聊往往就到深夜。最终，张之洞同意康有为在上海办强学会。不过，上海的强学会由张之洞的幕僚汪康年（1860—1911）主持，经费还是由张之洞捐助。

虽然康有为和张之洞表面关系还算融洽，但是，两人也有不小的分歧。张之洞是个虔诚的儒生，他是容不得别人随意拿孔子说事的。康有为则假托孔子的名义宣传改革，这一点让张之洞很反感，他多次劝康有为放弃这种学说。康有为则坚持己见，他声称，自己绝不会因为张之洞这个两江总督支持自己办强学会就放弃自己的学说。上海强学会要成立的时候，张之洞以双方在学术上无法达成一致，有悖约定为由，要求不再办强学会。康有为则反驳说，前期准备工作都已经就绪，怎么能说停就停呢？他坚持继续办。

强学会观点激进，做事张扬，这就遭到了保守派的敌视。于是，有人上书弹劾强学会。很快，朝廷下令查封了北京的强学会，上海的强学会也随之解散。强学会解散，康有为对张之洞在此事中的不作为很是不满，他指责张之洞对强学会不出力不说，还总是要限制。

康有为和张之洞可以说是不欢而散。对于维新派中地位仅次于康有为的梁启超（1873—1929），张之洞曾予以格外礼遇。1897年初，梁启超从广东去上海，途经武汉，张之洞得知梁启超到来，就邀请他暂住武汉。当时维新运动正在如火如荼地进行，张之洞作为维新运动的支持者，受到维新派的欢迎。梁启超作为维新派的领袖人物，自然愿意和张之洞接触。

梁启超到达武汉后，张之洞打算以迎接钦差及外国使节的礼仪来迎接梁启超。当张之洞的幕僚们得知他的想法后，当即表示不可。当时的梁启超只有20多岁，虽然热衷变法，却没有多高的社会地位。张之洞堂堂封疆大吏，以这么高的规格招待他，这在极为重视等级的封建社会是难以容忍的。张之洞一番考虑后，也觉得不妥，只好作罢。

尽管如此，张之洞对梁启超还是热情款待，倾心交谈。梁启超到达武汉的当天，两人就谈到了深夜。张之洞想把梁启超招到自己的麾下，并许诺梁启超做两湖实务院长，年薪1200两，言语非常恳切。对于张之洞的热情，梁启超受宠若惊，他一个举人，怎么会让二品大员如此器重？

张之洞当然有自己的打算。当时的梁启超虽然没有多大的功名，但是他的才气已经得到了社会的认可，他已是公认的大才子。如果张之洞能把梁启超招到自己的门下，自然是如虎添翼。梁启超也不是常人，他自然明白张之洞的用意。然而，张之洞虽然是封疆大吏，毕竟还是地方官，在朝廷里没多大的势力。在封建社会做官，进入中央政府那才是最大的成功。梁启超这等才华，自然不愿屈居人下。尽管梁启超对张之洞的盛情款待一再表示感谢，但是，他坚持说上海的事离不开他，而湖北又没什么可做的，决意离开。张之洞也不能强留，只好让他离开。后来，梁启超回忆他和张之洞的这段经历，认为他和张之洞的关系，就像雇佣工人和资本家的关系一样，更多的是出于利益的考虑。

维新运动期间，梁启超办了一个《时务报》，这是维新派的宣传喉舌。在这里需要提及的是，用于办《时务报》的经费中，有一多半是出自张之洞的名下，这也就使得张之洞有机会控制《时务报》。《时务报》创办以后，维新派以此宣传变法、介绍西学，甚至公开讽刺时政、鞭挞专制、鼓吹民权。《时务报》宣传变法、介绍西学，这些东西对张之洞搞洋务大有裨益，他很欢迎。但是，对于《时务报》讽刺时政、鞭挞专制、鼓吹民权等举动，张之洞非常反感。张之洞想要维护封建专制制度，他也不相信什么“民权”，《时务报》的这些观点在张之洞看来简直就是大逆不道。所以，对于《时务报》，张之洞既赞助、支持，又压抑、控制。张之洞对《时务报》的态度，也正是他对维新运动的态度。

《时务报》刚创刊的时候，张之洞曾为湖北各级官方机构统一订购此报。《时务报》能够风行海内外，与张之洞的大力支持密不可分。

由于张之洞是《时务报》的大股东，因而他得以将自己的幕僚汪康年派驻《时务报》。汪康年主要负责财务、人事大权，而负责具体业务的则是梁启超，《时务报》要发什么稿子、说什么话，全凭梁启超做主。

维新派和洋务派虽然有共同点，但是他们的本质是不同的，维新派属于资产阶级，洋务派则属于旧的封建势力。这就使得《时务报》内部不可能完全一致，张之洞也知道梁启超等人肯定不会按照自己的意图来宣传，所以，张之洞对梁启超等人是有所提防的，一旦发现《时务报》有不符合他意志的内容，他就会毫不犹豫地干涉。

《时务报》刊文宣传民权，张之洞极力反对，他认为，所谓民权有百害而无一益。当时，《时务报》上曾发表过一篇汪康年关于民权的文章，张之洞得知后立即电告汪康年，要求这种文章以后千万不要再写。汪康年是张之洞的幕僚，自然要遵命。《时务报》曾转载过严复批评专制的文章，张之洞得知后，立即命人写了一篇反驳严复的文章。梁启超在《时务报》上撰文批评时政，指责慈禧太后，张之洞看到这些文章后认为梁启超写得太荒谬，搞不好要招来大祸。他还通知湖南巡抚，千万不要把载有这些内容的《时务报》发放给其他人看。对于梁启超这个“迷途”的年轻人，张之洞一心想要“挽救”。他通过汪康年等人警告梁启超，千万不要被这些邪说蛊惑，要迷途知返。这样的“劝诫”，梁启超自然难以听从。

梁启超办《时务报》，可谓是口无遮拦，不仅讽刺慈禧太后，就连他的大股东张之洞也不放过。张之洞在南京当两江总督的时候曾经编练自强军，军中聘请了不少洋人教官。梁启超指桑骂槐，影射张之洞之所以用这些洋人，是因为他张之洞昏庸无能。

当然，梁启超的原话要含蓄得多，可是，张之洞毕竟是探花出生，他岂能看不出梁启超是什么意思？此外，梁启超对于洋务派的官员也颇有微词，这都让张之洞心中不快。

任何一个人的容忍都是有限度的，张之洞也是如此。眼看着梁启超说话越来越“无所顾忌”，张之洞就让汪康年想办法阻止梁启超。梁启超心中有鸿鹄之志，岂能为了这么一个《时务报》甘受汪康年的牵制？1897 年，同样忍无可忍的梁启超愤然离去，留下汪康年一人主持《时务报》。此后，《时务报》的风格大变，汪康年开始攻击梁启超等人的主张。梁启超离开《时务报》，表面看是双方意见不合，实际上也是维新派和洋务派的本质分歧。

这时张之洞和维新派之间的分歧虽然开始显露，但是张之洞还不至于和他们翻脸。作为一个混迹官场数十载的封疆大吏，他当然知道要在维新派和保守派之间取得平衡的重要性，事实上，所谓维新派，就是光绪皇帝这一帮人，保守派则是慈禧太后一帮人，这两方，张之洞谁都不能得罪。当然，当时这么做的不止一个张之洞，袁世凯也是如此，他们尽量两边讨好，然后伺机而动。做出如此选择，这已经不是个人品性的问题，而是在政治斗争中的无奈之举。此时的张之洞也好，袁世凯也罢，都不过是政治斗争中的一颗棋子。

1898 年 6 月 11 日，光绪皇帝颁布“明定国是诏”，宣布变法，慈禧太后却坚持祖宗之法不可变这一“真理”，坚决抵制光绪皇帝的变法。变法一开始，慈禧太后就把光绪皇帝的老师、维新运动的重要参与者翁同龢（1830—1904）赶回了老家。同时，慈禧太后又让守旧派的荣禄（1836—1903）担任直隶总督，掌握了北京一带的兵权，准备用武力镇压维新派。

光绪皇帝变法后，局势日益紧张。张之洞既反对维新派的全盘改革，也不赞同守旧派的故步自封。在变法的关键时刻，张之洞推出了他精心完成的《劝学篇》。全书洋洋洒洒数万言，但总结起来就八个字："中学为体，西学为用。"张之洞的这部大作很快被呈给光绪皇帝，光绪皇帝觉得这是一部讲变法的书，于是下令印刷，向全国各地发放。据说，张之洞的这部书在当时先后印刷了200万册，这样的印刷量，即便在今天也是惊人的。

在《劝学篇》里，张之洞一方面批评守旧派不知变通，另一方面谴责维新派菲薄名教（儒学）。从表面看，张之洞是两不相帮、坚持己见，实际上则已经暴露了他封建官僚的本质。张之洞口口声声要维护的名教，是中国两千多年封建统治的思想基础。从汉武帝"罢黜百家，独尊儒术"时起，儒学已经由单纯的学术思想转变成封建统治阶级用以维护统治的思想工具，尤其是在西方的民主革命兴起以后，它宣扬的封建专制思想已经成为阻碍社会进步的反动思想。张之洞却无视人类社会的民主进程，继续宣扬封建专制，在这一点上，他和慈禧太后这些守旧派别无二致。

光绪皇帝的变法极大地威胁着慈禧太后这些保守派的既得利益，变法就等于从慈禧太后他们这些人身上割肉。1898年9月21日凌晨，对变法极为不满的慈禧太后突然从颐和园赶回紫禁城，直入光绪皇帝寝宫，将光绪皇帝囚禁于中南海瀛台；然后她发布训政诏书，再次临朝"训政"，"戊戌变法"失败。

对于参与维新变法的相关人员，慈禧太后更是严厉打击。康有为、梁启超成为朝廷的头号通缉犯，两人因为及时逃离，得以幸免。谭嗣同、康广仁、林旭、杨深秀、杨锐、刘光第六人决心为变法而死，最终在北京惨遭杀害，史称"戊戌六君子"。对于支持变法的地方官员则一律罢免，湖南巡抚陈宝箴、按察使黄遵宪、学政江标都因此丢官。即便一开始就被赶回老家的翁同龢也成为重点“照顾”对象，朝廷对他的处置是永不叙用，同时还要求地方官员对他严加看管，以免滋事。

张之洞早前和维新派的主要人物都有密切联系，还资助过他们的活动，而且张之洞本人也要求朝廷进行变法。如此分析，张之洞也应该是慈禧太后的重点清洗对象。而事实上，张之洞不仅安然无恙，其地位甚至更加稳固。之所以出现这样的结局，就要归功于他的《劝学篇》了。这《劝学篇》不仅让他划清了和维新派的界线，还向慈禧太后表明了他捍卫名教的决心。通过《劝学篇》，慈禧太后自然是看清了张之洞的底细：他张之洞再怎么折腾洋务，归根结底也是为了维护“祖宗之法”，也就是说，张之洞是她的自己人。看清楚这些，也就明白张之洞这个“改革派”为什么能在戊戌政变时全身而退了。

康有为、梁启超在变法失败后逃往日本，继续坚持宣传变法。此时的张之洞也和他们完全决裂。康、梁在海外大肆发文攻击张之洞，张之洞则试图要求日本方面查封康、梁办的报纸，并希望日本方面将他们驱逐出境。至此，张之洞和康有为、梁启超已经是水火难容了。随着国内变革的呼声越来越高，张之洞这个开明的封建官吏，开始成为反动势力的代表。

八国联军

在中日甲午战争之前，西方始终没有把握战胜中国。英国人虽然在第一次鸦片战争中取胜，但是那只是局部战争，英国并没有伤到中国的元气；第二次鸦片战争时，虽然英法联军攻下了北京城，但是，当时的中国有南方的太平天国起义，清军主力部队在镇压太平军，英法属于乘虚而入，双方没有进行大决战，他们依然摸不透中国的底；中法在越南开战，中国军队更是在镇南关大胜法军；左宗棠出兵西北，驱逐了侵犯新疆的俄国势力。此外，第二次鸦片战争以后，中国开始了洋务运动，取得了一系列成绩，这使得西方更加不敢轻视中国。然而，日本通过中日甲午战争在中国获得了极大的利益，这一事实极大地刺激了西方列强，他们看到此时的中国竟然是如此不堪一击。于是，西方列强完全放下了以前对中国的忌惮，掀起了瓜分中国的狂潮。

列强的入侵、清政府的剥削，这些因素使得普通中国人的生存日益艰难，于是，民间掀起了一系列反抗侵略的斗争，其中以义和团最为激烈。

义和团原本是山东百姓学习武术的民间团体，山东巡抚曾经利用义和团来对抗西方教会势力，这使得义和团具有了反侵略的性质。但是，义和团对西方的态度属于盲目排外，并且掺杂了很多封建迷信的内容。义和团的发展引起了西方的不满，清政府便派袁世凯到山东打击义和团，义和团的成员逃到直隶继续发展。

1900 年 5 月，此时的义和团愈演愈烈，他们甚至攻占了涿州城。清政府不断派兵镇压，但是一直没能限制住义和团的发展。

义和团势力不断增强，又有极其强烈的排外情绪，清政府却无力镇压，这就给西方列强以口实。1900 年 5 月 28 日，英、法、德、奥、意、日、俄、美八国，在各国驻华公使会议上正式决定联合出兵镇压义和团。他们提出要派兵保护他们在中国的人员，主要就是保护位于北京东交民巷的使馆区。东交民巷紧邻紫禁城，如果准许外国驻军，那就意味着慈禧太后的隔壁将会驻扎大量外国兵，这种情况下，慈禧太后晚上能睡得着吗？

双方互不相让，一个坚持不让派兵，一个非要派兵，最后，双方做出了妥协。慈禧太后同意每个大使馆可以驻扎二三十名士兵，仅限于保护使馆。可是，列强并没有遵守协议。试想，一个连刚发展起来的日本都打不过的国家，又怎么会得到西方列强的尊重？结果呢，列强一下子就派出了400多人的部队，而且后续2000多人的部队也陆续往北京进发。

列强言而无信，这让慈禧太后很恼火。让慈禧太后对列强不满的还不止这些。光绪皇帝进行戊戌变法，试图发展资本主义，西方国家认为这是中国开放的一个积极信号，有利于将来他们进一步扩大在中国的市场。可是慈禧太后发动政变，打击维新派，甚至想废黜光绪皇帝。这使得同情维新派的西方列强对慈禧太后非常不满，他们不仅反对慈禧太后废黜光绪皇帝，还协助康有为、梁启超等人逃离中国，对此慈禧太后怀恨在心。加上列强企图瓜分中国，纷纷租借港湾和划分势力范围，也增长了慈禧的仇外情绪。

列强的军队距离北京城越来越近，慈禧太后抗议再抗议，列强却置之不理。当慈禧太后听说义和团敢于对抗洋人，而且“刀枪不入”、“枪炮不伤”时，她决定利用义和团来打击洋人。因此义和团以“扶清灭洋”为口号，进入北京城。

进京后的义和团和洋人的冲突不断升级，洋人肆无忌惮地杀害义和团的成员，而义和团则在北京到处焚烧教堂和攻杀教民。

局势日益紧张，各国派出的援兵已经攻下天津的大沽炮台，幸亏中国守军在京津之间破坏铁路、不断阻击，这才使得各国联军不至于迅速抵达北京城。慈禧太后忍无可忍，旧仇新恨让她决心对各国开战。6月21日，清政府向各国“宣战”。8月14日，北京沦陷，慈禧太后带着光绪皇帝西逃。八国联军在中国烧杀抢掠、无恶不作，战后签订的《辛丑条约》更是极大地损害了中国利益。

那么，在此期间，张之洞做了什么呢？

对于义和团运动，张之洞的第一反应就是武力镇压。他认为，义和团就是一帮无法无天的“乱民”，绝不能姑息。当他得知义和团要进北京时，他迅速给手握兵权的荣禄发电报，要求荣禄派兵镇压义和团。张之洞认为，义和团是借着反对教会来作乱，是给国家添乱子，根本就是一帮匪徒，绝不是什么良民。

湖北不是义和团运动的中心地区，但是也受到了一些影响。当时，有人从北方带回了义和团的一些宣传品，并在当地宣传义和团。张之洞听说后非常紧张，立即派人去查禁这些活动。他告诫湖北人民说，义和团是妖术，专门蛊惑人心，他们目无法纪，以反对教会的名义得罪列强，罪大恶极、罄竹难书。张之洞不仅收缴了关于义和团的宣传品，还逮捕了参与人员。此时的张之洞不仅严防义和团进入湖北，即使是湖北当地的反洋教事件，他也迅速镇压，甚至还派人保护教堂。他还向汉口的英国领事保证，在他的辖区，绝不允许发生大规模排外事件。张之洞还电告南方各省，一定要严防北方的义和团影响南方，一旦发现迹象，一定要当即处置，杀几个带头的，以此震慑百姓。

慈禧太后向列强“宣战”后，按理说应该全国一心，共同抗敌。可是，这时候的张之洞身为封疆大吏，不仅不支持朝廷的战争政策，反而在自己的辖区内极力抵制，同时，他还策动南方多省共同抵制。

慈禧太后向各国宣战后，下令各省也要对外开战。最先看到这道命令的是当时担任邮电大臣的盛宣怀。盛宣怀和洋人打交道的次数不少，他可以说是非常了解洋人。慈禧太后要向洋人全面开战的诏令让他惊出一身冷汗：连个日本都打不过，还想向各国同时开战，这不是自取灭亡吗？对盛宣怀而言，于公，他要考虑整个国家的利益；于私，他和洋人有些交情，没了洋人他的生意就难做了。所以，无论如何他也不愿意看到中国向各国全面开战。盛宣怀留了个心眼，没有把朝廷的命令大面积公布，而是有选择性地发给了一些人。他首先想到的是李鸿章。

中日甲午战争以后，李鸿章虽然失势，但是在当时，他依然是资历最老的一个大臣，而且他还在担任两广总督，地位并不低。再有，盛宣怀本来就是李鸿章的人，这么大的事，自然要先告知李鸿章。李鸿章拿到盛宣怀发来的电报之后的第一反应是什么，我们无从得知，但是，从他日后的举动来看，他应该会说："这个老婆子疯了吗？"李鸿章看完电报，第一时间回复朝廷：这是一道假命令，广东坚决不执行！

张之洞也是第一批接到朝廷宣战命令的地方大员，他看到这宣战命令，估计也是一阵哆嗦：这不是找死吗？激动归激动，但是，激动解决不了问题。所以，张之洞当即开始琢磨该如何是好。

接到宣战命令的还有两江总督刘坤一、山东巡抚袁世凯等人。这些人都有一个共同的看法，那就是坚决不能全面开战。盛宣怀作为这些人物的联系人，首先提出让李鸿章当议和大臣和各国和谈。但是，战局已开，慈禧太后根本就不听劝，而且她还杀了不少主张议和的大臣，所以，和谈基本无望。很快，盛宣怀又提出由张之洞、李鸿章、刘坤一等地方实权人物出面，单独与各国和谈。很快，以上三位都同意了盛宣怀的提议。不过，张之洞提出，如果西方列强先来进攻，那么他一定会全力还击。

张之洞无论如何是不愿意同时向这么多国家开战的，他心里清楚，以中国当前的实力，集中力量和某一国作战尚且有获胜的希望，但是，和这么多强国同时开战却是绝无获胜的可能的。他不是不敢打，而是认为中国根本就没法打。打败了，必然要割地赔款；如果不打，列强一时就难以找到让中国割地赔款的理由了。

在和李鸿章、刘坤一等人协商如何避免战争扩大时，张之洞已经做好了最坏的打算。他提出，一旦慈禧太后和光绪皇帝落到八国联军手里，那么，各方应该共同推举李鸿章为中国的“总统”，由他全面主持相关事宜。

李鸿章在考虑如何避免让两广陷入战争时，想到了孙中山。1894年，孙中山早年曾给李鸿章上书，希望清政府能够实施改革。可是，当时李鸿章根本就没有理会孙中山。孙中山在清政府身上看不到希望，于是便立志要推翻清政府，再造新中华。这次八国联军危机，李鸿章希望孙中山能来广东帮助他，可是，两人对于中国未来发展方向的分歧实在太大，根本就没有合作的空间。此事只能不了了之。

刘坤一也不愿和洋人全面开战。当他得知自己手下一名将领扬言要击沉进入长江的外国船只后，他当即发电报制止，并直接派人前去劝说。为了把这个主战的将领支开，刘坤一索性给了他一部分部队，让他带着部队北上保护皇上和太后去了。

南方各省大员一致不愿对外开战，那么，列强什么态度呢？

当时，插手中国南方事务的列强中，以英国的势力最大，占据几乎整个长江流域，同时其他各国也都有一定的影响力。列强谁都想甩开他国独吞中国，可是，同样谁都没有这个实力。同时，他们也担心，一旦中国爆发全面的反抗，将带来他们难以控制的后果。另外，西方列强在长江流域有着极大的经济利益，一旦开战，势必受损。所以，此时列强也不愿意和南方各省开战。

就英国方面来说，他们既怕义和团运动向南方发展，危及他们在长江流域的商业利益和地位；同时，他们又害怕其他国家趁机抢夺英国在长江上的利益，破坏他们独霸长江的计划。因此，当各国在北方联合干预义和团运动时，英国人还在计划着单独出兵长江。英国方面提出，各国在中国的军队只有参与干涉义和团运动的那一部分，才需要受联军司令部的统一指挥，其他部分则可以单独行动。这就是在向各国宣布，英国打算单独在他们的势力范围内展开对中国的行动。

英国的这一计划很快就引起了其他各国的强烈反对，即便是在华势力范围远离长江的俄国都不赞同英国的提议，俄国的势力范围虽然远在东北，但是，长江流域巨大的潜在利益使得他们不愿意将长江拱手让给英国。面对各国的反对，英国人也不敢一意孤行。所以他们退而求其次，希望能够维持长江流域的稳定，不要出现类似北方的排外事件，以便最大限度维护其既得利益。

出于这种考虑，英国方面当即与张之洞、刘坤一取得联系，表示希望能够维持南方的和平局面，并且告诉这两位总督，英国愿意配合他们维护各自辖区的稳定。张之洞和刘坤一本来就无意与各国开战，现在英国又主动提出希望避免战争，这正合他们的心意。

不过，对于英国人提出派军舰进入长江、帮助他们维护长江稳定的这一提议，张之洞和刘坤一坚决不同意，他们向英国人申明，凭借他们自己的力量就足以维护长江的稳定。英国人得到他们的保障后，也很配合，主动约束自己的军舰不要在长江上有出格的行为。同时，还要求他们在中国南方各地的领事，不要擅自行动，要配合中国官方。于是，此时的长江上出现了难得一见的“和气”，以往肆无忌惮、横冲直撞的外国船只反而变得规规矩矩。自此，英国方面和张之洞等人达成了共同维护和平局面的共识。

法国和英国的态度截然不同，他们一开始就不想在长江上闹出乱子。英法之间的竞争已经存在数百年了，而且法国清楚，一旦英国人在长江上动武，法国人很可能就再也没有机会进入长江。如果能够维持和平局面，至少法国人还能在长江上的各个通商口岸自由经商。出于这种考虑，法国方面便积极联络各国，希望维护南方的和平局面，这对英国来说也是极大的牵制。

美国一向坚持所谓的“门户开放”政策，这倒不是美国不愿意从中国捞取好处，而是因为当时他们在中国的势力难以与其他国家抗衡，所以，他们希望各国尊重中国的领土完整，以便从中牟利。对于张之洞等人想要维护南方和平局面的这一提议，美国方面表示支持和欢迎。而且美国人还把他们要维护南方和平局面的决定通报给了英、法、德、日、俄等国。

德国的势力范围在山东，这是义和团最为活跃的地区，所以，在镇压义和团的各国当中，德国人应该是最积极的。当张之洞等人申明要维护南方和平局面的电报送到德国方面后，德国的反应很冷淡。直到各国都表态要维护南方和平局面后，德国人才做出答复，不会侵犯南方各省。

可是，德国人很快就反悔了，因为北方的义和团杀了他们不少人，而且他们似乎是损失最大的。这让德国人恼羞成怒，他们改变态度，拒绝维护南方的和平局面。不过，德国毕竟不是一个通过拍脑袋来决定国家政策的国家。在盛怒之后，德国人又反复考虑，他们认为，长江上的利益是巨大的，一旦长江流域动乱，他们也将遭受巨大损失。同时，英国方面也出面要求德国不要轻举妄动。他们和德国人就维护中国南方和平局面一事进行了协商，最终英国和德国达成了协议，双方同意共同维护中国的和平局面以及领土完整。

日本在甲午战争中战胜了中国，但是，日本人心里清楚，他们的胜利是靠孤注一掷的疯狂“赌博”换来的，此时的他们还不能和中国长期为敌，他们必须要化解和中国人的仇恨，进而在中国获取最大利益。同时，日本作为一个新兴国家，也极力想在各国面前展示自己，所以，在镇压义和团时，日本的表现尤为积极。当各方都有意维护南方和平局面的意图逐渐清晰以后，日本方面自然不敢违背众议，于是它便积极参与到维护南方和平一事中。另外，张之洞羡慕日本明治维新后的成果，在很多方面都有意效仿日本，日本也对张之洞在湖北的工作提供过不少帮助，这使得他和日本方面的关系比较融洽。张之洞想要维护南方和平局面的提议也有利于维护日本的在华利益，所以，双方也达成了和平共识。

在列强当中，俄国是侵占中国领土最多的一个，远比英国占据的香港岛、日本占据的台湾要大得多。义和团运动时，俄国在东北的势力正在快速扩张，他们甚至派出了多达17万人的军队去抢占东北。尽管俄国人反对英国独占长江，但是如果各国在中国南方大打出手，这对于他占据东北未尝不是一件好事。所以，俄国人一方面声称要维护南方和平，另一方面却暗中怂恿，企图挑拨各方的关系。但是，各国都已经意识到了维护南方和平的必要性，所以，俄国人的阴谋并没有得逞。当英国和德国达成维护南方和平的共识后，俄国更是没有任何机会了。最终，俄国索性做个顺水人情，同意维护南方和平。

在各方几经较量之后，最终促成了一个维护中国南方各省和平局面的协议，这就是所谓的“东南互保”。这个协议的出现，一方面是张之洞、刘坤一等地方大员的积极运作的结果，另一方面也是列强相互牵制、相互妥协的产物。这个协议在维护中国利益的同时，也维护了列强的在华利益。协议虽然改变不了中国被列强欺辱敲诈的现实，但是，却使得南方各省避免了一场战火。当然，列强也能集中力量对付北方的义和团了。

“东南互保”的共识在各方获得认可以后，中国就出现了奇怪的一幕：在北方的山东和直隶，中国军民正在同八国联军激烈战斗；在其他省份，各国一切照旧，中外之间丝毫没有产生任何不愉快。

参与“东南互保”的除了湖广总督张之洞、两江总督刘坤一之外，还有闽浙总督许应骙、山东巡抚袁世凯、浙江巡抚刘树棠、安徽巡抚王之春和广东巡抚德寿，另外陕西巡抚端方、四川总督奎俊虽然没有加入“东南互保”，但是也支持“东南互保”。

慈禧太后眼看着北京城沦陷，各地方大员却无动于衷，她老人家的心，当真是“拔凉拔凉的”。她明白，此时，跟洋人的仗是不能再打了。于是，刚一离开北京城，慈禧太后就下令，要求各地清军立即铲除义和团。最终，在中外联合绞杀下，义和团被消灭了。

1901 年，慈禧太后在由西安返回北京之前，颁布了一个《议和大纲》，她声称，要“量中华之物力，结与国之欢心”。对于前期主战派官员，慈禧太后严加处置，一大批官员人头落地。

而对于张之洞他们这些眼看着老佛爷落难却袖手旁观的地方大员，慈禧太后不仅没有责备他们抗旨不遵，反而大加表彰。刘坤一赏加太子太保，张之洞赏加太子少保。虽然这只是一种头衔，没有多少实际权力，但是，实际上却是告知天下，刘坤一、张之洞搞“东南互保”是对的。张之洞去世时，朝廷还表彰他搞“东南互保”是顾全大局的表现。

张之洞等人搞“东南互保”，这是直接违反朝廷“宣战”圣旨的行为，而且，他们还拒绝派兵北上救驾。按照封建时代的标准衡量，他们的举动无疑是大逆不道，其罪当诛。在大清朝 200 多年的历史上，除了张之洞他们，还有哪个地方大员敢公然抗命？即便是当年权倾天下的和珅，嘉庆皇帝一句话，他不也得去死吗？张之洞等人抗命不仅不受罚，反而获得赞赏，这当中有多方面的原因。

首先，张之洞他们搞“东南互保”，绝不是要脱离中央政府、分裂中国，而是为了给大清朝保住半壁江山，以图将来恢复。张之洞、刘坤一在向朝廷解释时，也说得十分清楚。慈禧太后也不是一个只会胡搅蛮缠的老太婆，她也明白张之洞等人是一片苦心。不论是打是和，大家的目的都是一样的，那就是保住大清朝。既然如此，慈禧太后又怎么会责罚他们呢？

其次，张之洞在筹划“东南互保”时，也不是一味地跟朝廷对着干，他想方设法去打“擦边球”。慈禧太后决定对外开战后，下令各地整兵备战，其中有一条，是要求各地主官相互联系，彼此支持，以挽救危局。朝廷的本意是要让各地团结一致，对外抗敌。可是，张之洞却玩起了文字游戏，他说这是朝廷要他们这些地方大员相互联系，各守其责，维护国家稳定，以此为他搞“东南互保”提供依据。为了强调自己是一心抗敌，张之洞还向朝廷表示，如果各国胆敢来进攻，他一定会全力抵抗，绝不丢弃一寸国土。乍看之下，张之洞抗战的决心的确很坚定，不过，前提是洋人要先来打他。他和洋人串通一气，互不侵犯，洋人又怎么会先进攻他呢？张之洞不想和洋人开战这是不争的事实，但是，在他巧妙的运作之下，慈禧太后却找不到他的把柄，最后，老佛爷不得不承认张之洞的做法和朝廷的意见是一致的。

再者，八国联军侵华之后，清政府彻底沦为列强在华的傀儡，处处受制于列强。张之洞等人和各国策划“东南互保”，是他们“可靠的朋友”，受制于列强的清政府，怎么敢对“主人”的“朋友”下手呢？张之洞等人能在抗命之后还安然无恙，这与列强有着不小的关系。

另外，甲午战争之后，各地开始编练新军，张之洞更是在代理两江总督期间组建了自强军，这是一支新式部队，不论武器装备还是作战思想，都较旧式军队有了明显的提升。张之洞离开两江之后，将这支军队交给了刘坤一，刘坤一进一步扩建了这支军队。张之洞回到湖北后，又在湖北编练新军。这些新式军队，增强了各地方大员的实力，而同时，清政府经过八国联军的打击，中央实力大为减弱，这也使得慈禧太后不敢对张之洞等人轻举妄动。

张之洞、刘坤一等人策划“东南互保”，一方面使中国广大地区避免了一场战争，同时也暴露了张之洞等人与列强勾结、镇压人民反抗的反动一面。结合当时的实际情况，张之洞等人算不上是民族英雄；不过，他们也不至于成为民族罪人，他们的所作所为，只是一批忠于国家的封建官吏为了维护国家稳定的无奈之举。

反清起义

1894 年 6 月，中日间的冲突不断升级，时任直隶总督的李鸿章正为此事忙得焦头烂额。这时，李鸿章的幕僚盛宣怀找到他，说有个很有才华的年轻人想来见他。别人说某人有才华，李鸿章或许要怀疑一下，但盛宣怀毕竟是他的亲信，所以，李鸿章便放下手头公务，让盛宣怀讲讲这个年轻人有何才华。

盛宣怀告诉李鸿章，这个年轻人 28 岁，是从广东来的，在香港学过西医，是个不错的医生。听到这里，李鸿章就迷糊了：这个人是想来我的部队当军医吗？李鸿章耐着性子继续听盛宣怀说下去。盛宣怀接着说，这个年轻人给总督大人写了一封近 8000 字的信，信里希望政府能够仿照西方资本主义制度，兴办学校，培养人才；设立管理农业的机构，发展农业生产；开矿山，修铁路，开办近代工业；实行保护近代工商业的政策……

盛宣怀说到这里，李鸿章把他打断了：一个年纪轻轻的医生大谈治国之道，这不是开玩笑嘛！一个 28 岁的医生跟一个 71 岁的封疆大吏谈治国，确实有班门弄斧的嫌疑，更何况，总督大人还得考虑和日本人打仗的事。虽然盛宣怀极力推荐，但是，总督大人还是不愿意抽出时间见见这个年轻人，也懒得看年轻人的治国之道。

一腔热血的年轻人被总督大人浇了一盆冷水，这可伤透了这位年轻人的心：看来这个朝廷是没希望了，既然你们这么不思进取，那么就只能送你们上路了。至此，1895 年至 1911 年间的中国头号“反政府分子”宣告诞生。这个人就是孙中山。

得不到李鸿章赏识的孙中山于当年底去了檀香山，也就是今天的美国夏威夷火奴鲁鲁。在那里，孙中山组织起了兴中会，以“驱除鞑虏，恢复中华，创立合众政府”为誓词。从 1895 年开始，孙中山就不断在国内组织武装起义，试图以武力推翻清政府，孙中山也成了清政府的通缉对象。

1898 年戊戌变法失败，一大批维新派人士逃亡海外，其中多数集中在日本。这个时候，孙中山也流亡到了日本。日本为什么喜欢接纳这些中国的通缉犯呢？主要是日本人有“远见”。日本人盘算着，如果这些反政府分子将来真的推翻了清政府、掌握了政权，那么，日本作为他们曾经的“朋友”，必然能获得他们的好感，这对于日本未来在中国的发展是极为有利的。所以，尽管清政府一再要求日本方面配合打击反清分子，但是，日本方面却是一直在敷衍，反清人士并没有受到太大的干扰。

慈禧太后发动政变，囚禁光绪皇帝，阻碍变法，这令维新派对她恨之入骨；革命党一心要推翻清政府，慈禧太后是清政府实际掌权者，自然是他们首要的“打击”对象。所谓敌人的敌人就是朋友，所以，流亡日本的维新派和革命党走到了一起，他们都想除掉慈禧。

1899 年，孙中山正在计划着新的起义，而康有为也计划着组织人员在长江流域起义，以便解救被困的光绪皇帝。为了避免孤军作战，康有为派出他的得力助手唐才常去日本横滨会见孙中山，讨论一起发动起义的相关事宜。唐才常是湖南人，戊戌变法时他是个非常积极的参与者，光绪皇帝还一度下旨召见他，只不过，他还没到北京，变法就失败了。变法失败后，他被迫流亡日本。

孙中山本来是打算在广东发动起义的，不过，对孙中山来说，起义这种事自然是多多益善，所以，他并不反对康有为在长江流域发动起义的计划。为了表示对康有为的支持，孙中山特意派出他手下的吴禄贞（1880—1911）等人配合唐才常。吴禄贞当时在日本读军校，是起义急需的军事人才。孙中山此举，可见他对起义的重视。

维新派和革命党达成共识，准备以武汉为中心，在长江中游各省同时发动起义。1899 年底，唐才常等人离开日本回国，孙中山、梁启超等人亲自为他们送行，孙中山还将兴中会在汉口的秘密地址告诉了唐才常等人。

唐才常把起义地点选在张之洞驻守的武汉，倒不是因为他认为张之洞软弱可欺，而是他在幻想把张之洞拉下水。

唐才常是湖南人，曾经在张之洞办的两湖书院读书，可以说和张之洞有师生关系。张之洞早年当过几次学政，期间对学子们很是照顾，后来当了湖广总督，依旧很重视读书人，这使得张之洞给学子们留下了不错的印象。更为重要的是，当时张之洞在谋求“东南互保”，这是公然反抗朝廷。此事在唐才常看来，更像是一种“革命”行为。唐才常想，此时如果他去武汉搞起义，也许会有意外惊喜。

另外，武汉是“九省通衢”，占据重要的战略位置，交通非常便利，一旦起义成功，可以迅速影响到全国。

再者，长江流域是英国人的势力范围，而英国人是同情维新派的。汉口就有英国人的租界。唐才常设想，如果他们在武汉起义，英国人也许会给予他们“保护”。

正是基于以上种种考虑，唐才常等人选择了在武汉发动起义。可是，他们全想错了。

回国后的唐才常并没有直扑武汉，他先是在上海活动。1900年初，他借日本人的名义组织了一个“正气会”。所谓正气，源于宋末文天祥所作的《正气歌》，意在表明他们恢复中华的决心。正气会成立后，便积极活动，准备在长江流域起兵勤王。尽管“正气会”是由革命党和维新派联合组成的，但是，孙中山并没有强调革命派一定要掌握大权，他要求革命党尽量配合唐才常。

正当唐才常等人积极奔走时，北方的义和团运动愈演愈烈。对于义和团，不论是革命党还是维新派，都持反对态度。但是，他们也一致认为，义和团运动引起的混乱局面对于他们的事业会有很大的帮助。革命党可以趁乱起义，维新派也想借机鼓动南方各省组织军队北上救驾。

根据形势的变化，康有为指示唐才常，要他把“正气会”改为“自立会”，并宣布成立“自立军”，以显示他们要和慈禧太后的政府分庭抗礼。康有为他们把希望寄托在了湖广总督张之洞、两江总督刘坤一等人身上，幻想这些封疆大吏能够抛弃慈禧太后，转而拥护光绪皇帝。尤其是“东南互保”以后，维新派认为，鼓动这些地方大员对抗慈禧太后的可能性更大了。

唐才常通过“自立会”，在上海闹出了一些动静，甚至还组织了一次由80多人参加的“中国会议”，简称为“国会”。唐才常宣称此次会议以“保国保种”为目的，要维护中国的主权，反对清政府的统治，但是，他却还说要恢复光绪皇帝的统治。这种自相矛盾的论调让参会者很是不满，不过，这并不妨碍唐才常继续他的事业。

唐才常不仅开了“国会”，还建立了他的自立军，并把自立军的指挥机关设在了汉口。组成自立军的人员主要有两类，一是长江流域的会党、进步军人；二是唐才常的旧同事、同学。这些曾经和他一起战斗的朋友再一次义无反顾地投身自立军的旗下，成为自立军的骨干。

唐才常所招募的会党其实就是帮派成员。这些人重义气，经常劫富济贫，又有严密的组织，是存在于底层社会的重要力量。唐才常以义气为先，有意结交这些帮派成员，而中国封建时代的读书人又属于高高在上的一类人，这些帮派成员也很乐意结交这些读书人。所以，唐才常很容易就和这些帮派成员打成一片。当然，组织帮派成员发动起义的不止是唐才常，孙中山组织的起义大多数也是通过帮派发动的。

对于唐才常组织自立军一事，张之洞并非毫不知情，而且，他还发现湖北的官兵中，有不少人也加入了自立军。不过，对于自立军的发展，张之洞并没有干涉，而是任其发展，只是密切监视唐才常等人的动向。为了以防万一，张之洞还加强了防御措施。张之洞对自立军的发展采取不干涉态度，一方面是因为他忙于“东南互保”，不愿意在湖北大动干戈引发西方列强的担忧；另一方面是他摸透了所谓自立军的底细，根本就不相信他们能闹出什么乱子。

八国联军进入北京城后，慈禧太后仓皇出逃，唐才常认为起义的时机已经成熟，应该立即发动起义。根据唐才常的计划，起义后，自立军首先要攻下汉阳兵工厂，以便获取枪械弹药，然后再去抓捕包括张之洞在内的湖北军政要员。当然，倘若张之洞等人能够主动合作，自然可以省去抓他们的麻烦。如果一切顺利，就可以挥师西安，解救光绪皇帝。

然而，事情并没有向唐才常设想的方向发展。随着起义日期的临近，唐才常给远在日本的康有为发电报，要求他赶紧把起义经费汇到国内。康有为自己是没有多少钱的，所谓的起义经费是他在海外为起义四处募捐而来的。海外华人出于对起义者的支持，踊跃捐款，据说有60万之多。面对这笔来之不易的巨款，康有为无论如何也舍不得交给唐才常，万一起义失败了，这60万可就打了水漂了，这可是60万呢！

拿不到起义经费，唐才常是不敢贸然行动的，他只能将起义的时间后延。延期起义，原本没有什么问题，但是，唐才常组织的自立军起义并不是只在武汉一地起事，而是在长江流域多省同时举行。由于通信不便，唐才常推迟起义日期的消息没有能够及时送到其他地区的自立军。于是，在原定的起义日当天，有人行动了。

安徽的自立军最先起事。他们攻击当地的税务机关，同时，在水军内应的配合下，夺取了8艘船。两江总督刘坤一得知此事后当即行动，他派遣大批军队前去支援，清军在人数上占有绝对优势。安徽的自立军苦战三天后，被清军彻底击溃，起义组织者只能流亡海外。

安徽起义军被镇压的消息传到武汉后，唐才常决定不再等康有为的经费，他要立即起义。很快，起义人员集结于汉口，准备行动。不过，坐镇武汉的张之洞早就盯着唐才常和他的自立军了。不等唐才常等人采取行动，张之洞便抢先动手了。

汉口自立军的指挥部设于英国在汉口的租界里，原本是想让英国人保护他们。但是，张之洞跟英国方面打过招呼之后，英国巡捕便带着张之洞的清兵，把唐才常的起义指挥部围了个水泄不通。不过，当时唐才常并不在指挥部，清兵没能第一时间抓住他，而且唐才常很快就得知起义流产的消息。起义无望，唐才常本来是有时间逃走的，但是，他认为既然起义失败，逃走也没有意义，就决定等着张之洞派人来抓他。当清兵找到唐才常时，他已经做好了被捕的准备，跟着清兵出门而去。

被张之洞抓获的自立军成员除了唐才常之外，还有 20 多人，都是自立军的骨干力量，自立军的领导层被张之洞一网打尽。让人意外的是，这里面居然还有一个日本人。看来日本人对于中国的革命者当真是“不遗余力”地“支持”。此外，清军还收缴了名册、火药、旗帜等用于起义的物品。张之洞大获全胜。

抓到自立军的骨干人员后，张之洞并不愿意大开杀戒，毕竟，这些人中有不少都能算是他的学生，他还想着对这些人从轻治罪。但是，湖北当地的其他官员却不愿意饶恕这些人，湖北巡抚就极力主张把他们全部处死，毕竟，在湖北地界出现了这么多“乱党”，如果饶恕他们，这些官员将来难免要被政敌追究。众议难违，张之洞也不得不同意处死唐才常等人。经过一番审讯，在当天夜间，唐才常等人即被杀害。

在就义前，唐才常等人丝毫不惧，他们痛骂慈禧误国，声明自立军起义不过是要效仿日本明治维新，拯救国家于危难之中。面对刽子手的屠刀，他们高昂着头颅，催促侩子手快快动手。竟有人能如此从容潇洒地赴死，这是刽子手见所未见，闻所未闻的，一时间，这些刽子手竟然心生畏惧。在行刑官的一再催促下，刽子手总算是举起了屠刀。

处理完这帮“乱党”，张之洞准备给慈禧太后汇报工作。在写到乱党们的名字时，张之洞犹豫了：这些人多数都是两湖地区的学子，和自己也算是师生关系。如果慈禧太后知道自己“培养”了一批“乱党”，她会怎么想？所以，张之洞索性只写了唐才常的名字，其他人一概略去姓名。此时的张之洞既怕自己成为亡国之臣，又为自己杀害学子而感到惭愧，可以说，他的心里是很纠结的。

唐才常等自立军领导人虽然被张之洞杀害，但是很多自立军成员并没有放弃继续起义。他们各自为战，冲击清王朝的地方政府。然而，自立军毕竟是临时拼凑而来，又缺乏统一指挥，面对清政府的正规部队，他们根本就不堪一击，零星的起义很快就被扑灭。

自立军起义彻底失败了，而且是还未发动就被镇压。造成这一后果的直接原因自然是张之洞的打击，但是根本原因却是起义条件不成熟。首先，作为起义组织者的资产阶级实力非常弱小，他们还不足以撼动强大的封建势力，一笔60万的起义经费就让康有为不舍，可见资产阶级的窘迫；其次，起义组织者不仅没有发动基层群众，甚至害怕群众的参与，对于有着广泛群众基础的义和团运动，他们竟然持敌视态度；再者，他们幻想西方列强和封建官僚来协助他们，这无疑是与虎谋皮；最后，参加起义的人员多数是会党成员，这些人是在利益的趋势下参与起义的，而非抱着崇高的政治理想，起义不顺利，他们自然不会坚持到底。

孙中山等坚定的革命者并不在意一时一地的失败，他们继续在海外组织力量，准备起义。在海外的革命派当中，尤以留日学生最多，而张之洞则一向支持留学日本。结果，在海外的革命分子里，来自两湖地区的学子占了多数。也就是说，张之洞派出去的留学生，不少人都成了革命者，想着回国推翻张之洞一心要维护的大清朝。张之洞原本想让这些学生学成归国后报效清王朝，如今却完全超出了他的预期，这是他万万没有预料到的。

1903 年，湖北籍的留日学生在日本东京创办了《湖北学生界》杂志，他们宣传民族独立，抨击封建君主专制，鼓吹民族民主主义，宣称要推翻满清政府，再建新国家。《湖北学生界》的创办人都是利用湖北官费实现留学日本的，也就是说，是张之洞在资助他们。

张之洞得知他们居然要反对清政府后，非常生气，他要求湖北方面以后少派学生留学，同时电令《湖北学生界》的主办人员立即回国。此外，张之洞还指示清政府驻日本的外交人员对留学生严加约束，如果有学生胆敢抗命，就停发他们的学费，并遣送回国。

面对日益高涨的革命形势，张之洞只能像个救火队员一样四处灭火。而《湖北学生界》事件，则给张之洞以有力的回击，革命已经不可阻挡。

当然，张之洞作为一个忠于满清朝廷的地方大员，维护一方稳定是他的职责所在，而镇压起义则是他的必然选择。而且，张之洞是封建礼教的忠实拥护者，这是他的信仰所在。当有人试图颠覆他的信仰时，他为自己的信仰而战也不是什么不能理解的事情。可是，如果站在历史的高度看，张之洞镇压革命的行为，无疑是保守和反动的，他是在阻碍历史的进步。

张之洞爱国，这一点没有错，错就错在他把政府和国家混为一谈。千百年来，我们的国家只有一个，但是，历史上把持着国家的政府却不计其数。而当时的中国所遭受的苦难，大多源自清政府的腐朽无能。这就意味着如果要挽救国家，就必须推翻反动的清政府。可是，张之洞分不清什么是国家，什么是政府，他以为爱国就是维护清政府。于是，在不知不觉中，他就走向了历史的反动。这不能不说是他的悲哀。

废除科举

中国的科举制度创立于隋朝，完善于唐朝，发展于宋朝，鼎盛于明朝，可谓是历史悠久。而清朝的科举依旧是仿照前朝八股取士，但更注重对士人思想的防范。客观地说，科举制度在选拔人才上具有一定历史优越性，但随着时间的推移，其弊端也日渐暴露，难以适应时代的发展要求。

1895 年，清军惨败于日本。1900 年，八国联军攻下北京城。堂堂中国四万万同胞，难道就没有一个可用之才？惨痛的教训使得清政府不得不反思自己的人才选拔方式：不是大清国没有人才，而是大清国选拔人才的制度出了问题。改革科举制度已经是迫在眉睫。

1901 年，从西安返回北京的慈禧太后决定实行“新政”，张之洞被任命为参预政务大臣，和刘坤一、袁世凯以及众位军机大臣一起参与这次改革。张之洞和刘坤一积极响应朝廷变法的号召，两人联名上书三折，这就是著名的“江楚会奏三疏”。

“江楚会奏三疏”的第一疏讨论“育才兴学”，以教育制度改革为主，主张设学堂、变科举、停武科、奖游学；第二疏讨论“致治、致富、致强之道”，提出具体的实施方案；第三疏讨论“采用西法”，主张向西方学习。以上内容，朝廷几乎全部批准，这也拉开了张之洞废除科举的大幕。

最早被废除的是武科举。武科举始创于唐代，盛行于明清。不过，武科举的受重视程度不如文科举，而清代对武科举的重视要超过前朝。武科举考试，主要是考骑马射箭一类。在冷兵器时代，这些技能确实大有用处。然而，西方新式枪械传入中国后，武科举已经不能适应新时代的需求了。另外，全国各地早已开办了大批武备学堂，用于培养新型军事人才，这也使得武科举更没有存在的必要了。所以，张之洞在“江楚会奏三疏”中强调，要改革文科举、废除武科举。

关于废除武科举一事，大臣荣禄早在 1895 年就已经提出。当时，荣禄指出，军队装备新式火器以后，旧式武器已经失去了存在的意义，如果继续保留武科举，必然难以满足新时代的需要。荣禄主张各省应该设立武备学堂，用西方新式军事理论培养军事人才。然而，朝中上下并没有多少人响应荣禄的提议。

出现这种情况，主要是因为武备学堂尚未盛行，许多人担心一旦取消武科举，会断了很多人的官路。其实，这是很多官吏为自家的晚辈后生留出路。出于各自利益的考虑，朝中官员在明知武科举已经毫无必要存在的情况下，依然坚持举行武科举。由此可见，既得利益集团维护旧制度的决心是何等的坚定。

戊戌变法时，维新派再提废除科举一事。不过，他们的变法很快就失败了，他们废除科举制的设想也不可能实施。

1900 年的惨败让清政府下定了“变法”的决心。趁此时机，深感科举误国的张之洞再次提出科举改革。张之洞的提议属于渐进式的改革，他只要求先废除武科举，对文科举进行相应调整。这一次，废除武科举的提议再也没有遭到大规模反对，一来是清政府在与八国联军的较量中惨败，而参战人员不少都是武科举出身，事实面前他们无力狡辩；二来是武备学堂的大规模兴起，使得许多有志于投身军旅的年轻人进入武备学堂，此时武科举的作用已经逐渐被武备学堂取代了。终于，在 1901 年，清政府下令废止武科举。

同样是在 1901 年，文科举也开始改革。在文科举改革中，变化最大的一项莫过于废除八股文，改为考策论。八股文专讲形式、没有内容，文章的每个段落死守在固定的格式里面，连字数都有一定的限制，人们只是按照题目的字义拼凑成文。这种文章考的不是考生的思维能力，而是死记硬背的能力，同时，又极大地限制了思想的独立和自由。梁启超评价八股文时指出，学子为了做好八股文，只知道读《大学》、《中庸》、《论语》、《孟子》这所谓的“四书”，其他一概不看，结果竟然都不知道刘邦、李世民是何人。所谓策论，是指议论当前政治问题、向朝廷献策的文章。也就是说，考生再也不能“两耳不闻窗外事，一心只读圣贤书”了，想要在科举中取得成绩，就必须了解时势，而且还要有自己的见解。这一改革，对于那些只知道读死书的腐儒来说当真是灭顶之灾。

但是，此次科举改革并没有改到预期的程度，清政府害怕一旦科举大改会让读书人寒心，所以最终仅仅调整了考试的内容。对于张之洞等人提出的把科举取士的名额分出来一部分给新式学堂一事，朝廷并不同意。不过，让人欣慰的是，朝廷并不反对新式学堂的发展。

对于兴办新式学堂，张之洞也非常热心。他借此机会在湖北建起了不少学校。然而，随着新式学堂的发展，科举制度的弊端不仅没有因为改革而消除，反而日益明显。科举重在功名，考中就能进入官场；而新式学堂重在培养可用于国家建设的知识型人才，而不是培养将来的官吏。面对进入官场的机会，大批在新式学堂求学的学子不再专心于学术、技术的学习，而是全力应对科举。这样一来新式学堂里绝对是走不出工程师、技术员的，如此下去，张之洞培养新型人才的计划就要落空了。

看来，只要科举还在，学子们就不可能去搞研究、学技术，没有技术型人才，国家又如何强盛呢？基于此，张之洞不再对科举抱有幻想，废除科举已经成为他唯一的选择。

同样体会到科举弊端的还有袁世凯等人。1902 年底，时任直隶总督的袁世凯会见了张之洞，两人商议改革科举一事，并约定联名上奏朝廷。1903 年 3 月 13 日，由袁世凯领衔，会同张之洞及山东巡抚周馥、署湖广总督端方等奏请朝廷加大科举改革的力度。

但是，此时依然有人不愿意放弃科举制度。军机大臣王文韶（1830—1908）就是一个科举制度的坚定拥护者。王文韶当时担任武英殿大学士、军机大臣，做臣子做到这个等级，已经是到了极致。这么一位朝廷重臣，本来并不是什么“倔脾气”，反而是个老滑头。当时，有人送他外号“油浸枇杷核子”。这是什么意思呢？原来，枇杷核本来就很光滑，再用油浸泡一番，肯定是更滑了。他还有个外号，叫“琉璃蛋”，也是滑不溜手的意思。然而，就是这么一个老滑头，反而坚决反对废除科举制度。对于废除科举这件事，王文韶声称，只要他还在朝廷当官，他就会以死相争。为了维护科举制度，连命都愿意搭进去。

张之洞、袁世凯他们这几位在当时的人气确实很旺，可是，人气再怎么旺他们也是地方官，只是奉命参与变法一事。这时的王文韶，绝不是他们这几个地方大员可以撼动的。王文韶怎么会有这么强大的势力呢？这要“归功于”八国联军。

1900年，八国联军打进北京城，慈禧太后带着光绪皇帝仓皇而逃。一路上，他们狼狈至极，真真切切地体验了一把基层生活。皇帝、太后逃命，按理说朝中大臣也得跟着去，可是，军机处的八位大臣，居然有七个都没能与皇帝、太后共甘苦。只有71岁高龄的王文韶不畏艰辛，拖着自己衰老的身体，坚定地跟在皇帝和太后身边。此事之后，慈禧太后对王文韶更加信任。而且王文韶出身正途（咸丰进士），久经考验（历任道、司、抚、督及北洋大臣），谙练政事（历官户、兵、礼三部），政治过硬（戊戌政变后取代翁同龢进入军机处），再加上这分患难君臣的交情，王文韶的发言，对朝野上下来说，实在是极具分量。

有王文韶这样重量级的人物反对继续改革科举制度，张之洞、袁世凯等人的提议肯定不会被通过。此外，军机处其他成员对于科举改革也不热心。比如庆亲王奕劻，此人眼里只有“油水”，只要能看见油水，他什么都敢做；看不到油水，神仙也难请动他。改革科举并不是一件有油水的事，所以，庆亲王对此事不会有什么热情。其他军机大臣虽然赞同科举改革，但是，他们的地位不及王文韶和奕劻，所以起不了决定作用。

总结起来，想要推动科举制度的进一步改革，关键点就是王文韶，搞定他，科举改革一事就没有什么问题。但是，王文韶已经放出话来，只要他还在位一天，他就不会同意继续改革科举。张之洞等人不能硬来，只好侧面迂回、缓慢推进。

在慈禧太后1901年的“新政”中，很重要的一项就是办学堂。为此，朝廷让当时的管学大臣张百熙（1847－1907）拟定了一个学堂章程，但是，这个学堂章程有很多问题，难以实施，只好暂时搁置。1903年3月，张之洞要求加大科举改革力度的提议被王文韶否决，于是，张之洞转而参与到制定新的学堂章程一事中，并且希望能够通过制定新的学堂章程来间接地推进科举考试改革。1903年6月，张之洞等人以日本学制为蓝本，重新拟订了学堂章程。新的学堂章程解决了旧学堂章程的各种问题，提出了切实可行的办法，得到了各方的认可。于是，在1904年1月，新的学堂章程公布，即《奏定学堂章程》。这一年是旧历癸卯年，所以又称“癸卯学制”。

学堂章程的成功让张之洞信心倍增，他觉得有必要再次提出科举改革了。1904年初，张之洞又一次上书朝廷，要求将科举取士的名额减少，并分配各学堂。张之洞建议，从1906年起，将科举考试录取名额减少三分之一，并依次递减，每三年减少三分之一，这样的话十年后就可以完全停止科举考试了。

这一次，朝廷给了个模棱两可的答复。一方面，朝廷同意了张之洞的提议，另一方面却又说要等到各级学堂都办齐了、证明确实可用了，再考虑停止科举。这样的回复简直就是一张空头支票，甚至是自相矛盾。科举的存在严重影响学堂的发展，而朝廷却要求学堂有了发展再废除科举。如果学堂能够在科举存在的情况下顺利发展，那还有废除科举的必要吗？主次不分、因果颠倒，这样的回复根本就是在敷衍张之洞。所以，张之洞推进科举改革的努力又一次白费了。

就在张之洞为科举改革一事难有进展而苦恼时，中国的东北发生了一件大事。1904年，日本和俄国为了争夺中国东北和朝鲜，爆发了一场恶战。交战双方为日本和俄国，但是战场却是在中国的东北。战争让当地人民蒙受极大的灾难，生命财产遭到空前的浩劫。当地的民房、工厂被炸毁，就连寺庙也未能幸免。耕牛被抢走，粮食被抢光，流离失所的难民有几十万人。日、俄都强拉中国老百姓为他们运送弹药，服劳役，许多人冤死在两国侵略者的炮火之下，更有成批的中国平民被日俄双方当作"间谍"，惨遭杀害。这场战争不仅是对中国领土和主权的粗暴践踏，而且使中国东北民众在战争中遭受了巨大的损失和人身伤亡。此时的清政府既不敢得罪日本和俄国，也没有能力保护自己的国民，只能宣布"中立"，任由他们在中国的土地上肆意妄为。第二年5月，战争以日本胜利告终。

这一仗中国损失惨重，也使得清政府更加清醒地意识到了形势的紧迫，国内政局也因为这一仗发生了巨大变化。首先是对立宪的态度。走君主立宪道路的日本战胜了专制独裁的俄国，这让清朝统治者不得不考虑立宪的问题，还有就是科举改革一事。此时，在这件事上已经沉寂了一年多的张之洞、袁世凯等人旧事重提，他们以日俄战争为契机，再次呼吁推进科举改革，而且他们对科举改革的态度更加坚定，要求朝廷立即废除科举，不再要求朝廷逐年递减。

张之洞等人借着日俄战争重提科举改革，为了说服慈禧太后，他们简直就是“连哄带骗”外加“恐吓”。一方面，他们强调科举阻碍国家选拔人才，而要想培养人才，只能通过学堂；另一方面，他们结合日本战胜俄国的事实，总结出日本的强大与学堂的发展密不可分，进而告诉慈禧太后，中国如果再不重视学堂的发展，必然要继续受洋人的欺辱。

八国联军早就把慈禧太后打怕了，她已经不敢轻视洋人了，从西安回到北京的她还主动和洋人搞好关系，经常在颐和园里招待那些洋人。张之洞等人搬出洋人来“吓唬”她，让她改革科举制度，她已经不敢多想了。很快，朝廷决定废除科举制度的圣旨便昭告天下了，从1906年起，各个级别的科举考试全部废除。而在此之前，曾经坚决抵制科举改革的王文韶则被免去了军机处的职务，这就为废除科举铺平了道路。

科举制度虽然废除了，但是，大清国还是在1911年时走向了灭亡。张之洞试图通过废除科举、兴办学堂来挽救大清国，结果却在无意间给大清朝以沉重的打击。科举制度在发展过程中，逐渐成为封建势力控制人民思想的武器。在科举的束缚下，读书人失去了判断的能力，变得麻木不仁，只知道一味地服从。科举制度废除以后，读书人的视野得到了拓展，思想也随之开放，对腐朽的封建王朝也更为不满，推翻清政府的愿望也就更加强烈。

张之洞想要拯救国家，但是，他始终不愿意面对让国家陷入困境的根本问题——封建专制。不解决封建专制问题，中国的富强就毫无可能。可是，出身于封建官僚体系的张之洞，又怎么可能自己把自己给否定了呢？所以，只要张之洞不触及封建专制，他的一系列所谓“改革”，包括废除科举在内，就不可能实现他富国强兵的愿望。

军机重臣

1907年，70岁的张之洞结束了他在湖北近20年的任期，受命进京。离开湖北，张之洞还是很不舍的。他在湖北苦心经营了十多年，工厂、学校、铁路、新军等等，都搞得有声有色。他整天忙于这些洋务，虽然很累，但是感到很充实，毕竟他是立志要做一番事业的。如今，朝廷调他进京，这就意味着他将要进入中央政府，权力肯定要比以前大。但是，中央政府不止他一个人，人一多，意见就不容易统一，难免要发生冲突，做起事来要受到不少牵制。这和他在地方上的情况很不一样，地方上的事他可以一人说了算，做什么都比较自由。不过，不舍归不舍，毕竟这是升官了，总体说来还是一件好事。

武汉到北京，全程2000多里路，这么远的距离，如果是在10年前，一路的颠簸就够这位70岁的老人受的了。现在就不一样了，京汉铁路已经全线通车一年多，这一年多的时间了，也没出现什么大乱子，火车稳稳当当地在北京和武汉之间穿行。这一次张之洞进京就是坐火车。

火车从武汉出发，一路向北。张之洞坐在他的豪华车厢里没有感到丝毫的不适。透过车窗，他饶有兴致地欣赏着铁路沿线的景致。火车刚从武汉出来时，偶尔还能看到远处的山峰，等过了豫南，一直到北京，目力所及之处，便都是不见边际的大平原。有这千里沃野，应该是衣食无忧了，可是，铁路沿线破旧的民居让张之洞意识到，此时的中国百姓是何等的穷苦。看来，大清国的富强之路还很漫长，张之洞所肩负的责任依然沉重。

其实，慈禧太后在八国联军侵华之后就有意调张之洞进入中央政府，这当中的考虑是多方面的。首先，张之洞在地方任职多年，他的政绩有目共睹，确实是难得的人才，调他进入中央政府，对于巩固清王朝的统治自然是有益处的；其次，慈禧太后在1900年向“万国”开战，这使得她和列强之间的关系变得紧张起来，而张之洞筹划“东南互保”，和洋人的关系搞得不错，调张之洞进京，有助于缓解慈禧太后和洋人紧张的关系；再有就是，张之洞在湖北经营多年，如果他有私心，必然会在湖北培植自己的势力，将他调离湖北，也便于朝廷对他的控制。但是，此时的张之洞并不愿意进京，一来是因为南方的很多大型工程都是他在主持，尤其是粤汉铁路还没有建成，离不开他；二来是张之洞心里清楚，老佛爷刚和洋人打完仗，此时进京，肯定是去收拾残局的，甚至还得在割地赔款的条约上签字，这是要背上千古骂名的事，张之洞无论如何是不会答应的。所以，尽管慈禧太后想调他进京，他还是找足了借口推辞了。

后来，朝廷开始实施“新政”，这倒是很合张之洞的胃口。由于他对“新政”的积极态度，朝廷让他协同参与“新政”，就是借着这个机会，他把在中国延续了近1300年的科举考试给彻底废除了。

1907年，朝廷准备“立宪”。所谓“立宪”，就是要把君主专制的大清国，改成君主立宪的大清国。“立宪”之后，皇帝再也不能独揽大权了，大清国的大小事务都得按照宪法来定。“立宪”是涉及国家根本制度的大事，必须要由有能力的人来主持。而当时的中央政府是找不到合适人选的。庆亲王奕劻营私有术，治国无方，难当大用。1917 年奕劻病死，谥号为“密”，是清代亲王谥号中最差的一个字（《谥法》：“追补前过”曰“密”）。而就是这么一个人，竟然是皇族里为数不多的能参政的人。皇族权贵靠不住，只能寄希望于汉族大臣。可是，此时李鸿章已经去世 6 年，他的继任者不论是经验、声望、能力，都无法担此重任。中央已经无人可用，慈禧太后只能从地方大员里找人来应急。于是，热衷于“新政”的张之洞、袁世凯等人成为朝廷的首选。

在准备“立宪”的背景下调张之洞进京，这与之前的情况已经大为不同。朝廷让他进京主持新政，这是要给他更大的权力，让他做更大的事，是要让他把他在湖北做的那些事放到全国去做。这对张之洞来说无疑是很有诱惑力的。而且，此时的张之洞实力、地位、声望都已经有了极大的提升，他无疑是能够令各界都满意的不二人选。在这种情况下张之洞进入中央政府已经是顺理成章的事了。

而促使张之洞调入北京的直接原因则是军机处的一次政治斗争。当时，庆亲王奕劻和军机大臣瞿鸿机（1850—1918）发生了矛盾。奕劻弹劾瞿鸿机想要“归政”光绪皇帝，这是慈禧太后不能容忍的，瞿鸿机因此获罪，被赶回了老家。随即，朝廷就将瞿鸿机空出来的职位授予了张之洞。于是，张之洞开始了他军机大臣的生涯。

军机大臣任职于军机处，是清代协助皇帝处理军国大事的重要人员。军机处则是清代特有的、用于辅佐皇帝的中枢权力机关。1729 年，雍正皇帝出兵西北，为便于军事调度，设军机房，3 年后改称为办理军机处，简称军机处。军机处的设立是清代中枢机构的重大变革，标志着清代封建中央集权发展到了顶点。但凡能进入军机处的，都是深得皇帝信任的。事实上，从军机处设立到清末废止，担任过军机大臣的人可谓是寥寥无几，而且大多数都是满族亲贵，汉人担任军机大臣的更是凤毛麟角。此次张之洞进入军机处，足见朝廷对他的重视。

张之洞心里清楚，调他进入中央政府是为了让他来主持“新政”。根据对当时的形势和社会心理状况的分析，张之洞指出，要推行“新政”，首先要解决满汉之间不平等的问题。如果不解决这个问题，将很难缓和民间日益高涨的“排满革命”情绪，同时，也不利于调动汉族地主阶级来维护统治秩序。

早在1904年，张之洞就曾经提出要朝廷解决满汉不平等的问题。但是，慈禧太后却认为，朝廷根本就没有搞满汉不平等，对各族子民都是一视同仁，所谓的满汉不平等，纯粹是一些别有用心之人的污蔑。这倒好，张之洞非但没有解决问题，反倒被老佛爷一番训斥。在这里，也可以感受到慈禧太后搞“新政”是多么的不情愿。

进入军机处的张之洞再提解决满汉不平等的问题，慈禧太后依旧是满脸的不高兴。可是，这次的情况就不同了。首先是张之洞的地位提升了，慈禧太后不好再训斥他；再者，以孙中山为首的革命党四处宣扬“驱除鞑虏，恢复中华”，这是明摆了对满人朝廷不满，同时也从反面验证了张之洞所说的满汉不平等问题是存在的。不得已，慈禧太后只能接受张之洞的提议。

然而，在清政府的官方声明中，他们依然不承认他们搞满汉不平等，声称自从大清建国以来，就一直平等对待满汉各族人民，从来没有搞过什么民族歧视。这样的说法当真是打自己的脸，如果没有搞民族歧视，那男人们脑袋后面的那条辫子是怎么来的？但是，迫于形势，清政府不得不承认满汉不平等的存在。朝廷认为，这是因为一些满人官员在执行民族政策时出现了偏差，曲解了朝廷的本意，导致一些有损汉族同胞利益及尊严的事件。现在，如果存在民族不平等问题，那么希望全国各地百姓积极踊跃上报，朝廷将根据具体情况制定政策，彻底改变这种状况。看来，要让清政府认错，是个艰巨的任务。不过，此后清政府也确实做出了一些努力，比如取消了满汉不通婚、对满汉执法采用双重标准等政策。但是，这些表面工作依旧难以化解社会上对清政府的敌视态度。

1908 年，光绪皇帝和慈禧太后先后死去，继位的是年仅 3 岁的宣统皇帝溥仪。溥仪年幼，无法处理政务，由他的父亲、光绪皇帝的弟弟载沣（1883—1951）任摄政王。趁此时机，满清皇族大肆夺权，试图把汉族官员排挤出权力核心。此时的载沣年仅 25 岁，却掌握着禁卫军，做了大元帅；载沣的弟弟、21 岁的载涛则做上了大清国的训练禁卫军大臣；载沣的另一个弟弟、22 岁的载洵更是做了筹备海军大臣。年少带兵的将军不是没有，但是，那些年少成名的将领都是用战功来换取爵位的，而不是借着宗族的名头上位的。这几位手握军权的小伙子明显没有什么战功，难以服众。

皇族的这些举动，让世人看清了所谓的“立宪”不过是为了糊弄天下百姓。张之洞身为朝廷重臣，自然是看不得这些毛头小子胡作非为的。他出于公心，坚决反对载沣等人掌权，而载沣等人又岂会屈服？他们和张之洞展开了激烈的争论，结果，张之洞独木难支，只得请了几个月的病假，以免进一步激化矛盾。慈禧太后声称的“满汉平等”经过载沣等人的演绎，无疑成了个天大的笑话。

载沣等人为了强化自己手中的权力，不仅排挤了张之洞，甚至还动了杀袁世凯的念头。袁世凯手握数万北洋精兵，这可是当时中国最有战斗力的部队。而袁世凯却是汉人，这让满清皇室心中难安。1906 年，朝廷为了削弱袁世凯的势力，设陆军部，统辖全国军队，而陆军部的负责人就是满人铁良。

慈禧太后死后，袁世凯的地位更是岌岌可危。对于自己的处境，他心里也清楚。当时朝廷里能帮他说上话的人基本上都已经去世，朝政尽数落入皇族手中。慈禧太后活着的时候，他还能仗着慈禧太后的庇护保全自己；一旦慈禧太后死去，光绪皇帝重新主持朝政，那么袁世凯就危险了——当初光绪皇帝搞戊戌变法，危急时刻让袁世凯出兵帮忙，袁世凯反而占到了慈禧太后一方，使得变法失败，光绪皇帝被慈禧太后软禁。

不过，光绪皇帝死在了慈禧太后的前面，他死后第二天，慈禧太后才跟着死去。看来，光绪皇帝没机会清算袁世凯了。但是，继位的溥仪是光绪皇帝的侄子，摄政的载沣是光绪皇帝的弟弟，慈禧太后只不过是光绪皇帝的姨妈而已。有这层关系在，注定了袁世凯接下来的仕途不会风平浪静。

对于自己将要面临的危险，袁世凯没有坐以待毙。他全力支持溥仪继位，同时又派人去找英国公使，说服英国公使也支持溥仪继位。如此一来，他在新皇帝继位这件事上就有了功劳，也就是所谓的“拥戴之功”。袁世凯希望用自己的拥戴之功来弥补他对光绪皇帝犯下的错误，进而获得载沣等人的谅解。但是，载沣并不买账，他要为光绪皇帝报仇的想法很坚定，袁世凯要大难临头了。

果然，慈禧一死，载沣便开始对袁世凯下手了。载沣指责袁世凯瞒着自己擅自和美国人谈判互派大使，载沣是摄政大臣，瞒着他就等于欺君，欺君当斩。他想以此为借口杀袁世凯。而满清贵族集团的其他成员有不少人也极力怂恿载沣杀袁世凯，他们认为，袁世凯以前本分，那是因为慈禧太后还在，如今慈禧太后死了，袁世凯就没有什么忌惮了，如果不杀他，让他成了气候，就难以除掉他了，大清国也可能要因他而遭殃。在这里不得不说上一句，这些皇族的担心还真不是多余的。虽然不少人鼓动载沣杀袁世凯，但是，袁世凯毕竟不是个小人物，要杀他不是件轻松的事。

出于谨慎，载沣又去找他伯父庆亲王奕劻和军机大臣张之洞，征求他们的意见。奕劻在官场混迹多年，深知杀袁世凯事关重大，他不同意杀袁世凯。张之洞也反对载沣的想法，他认为，皇帝刚继位，如果这时候就杀大臣，那就会使朝廷背上乱杀大臣的恶名，如果开了这么一个头，将来的麻烦那可就大了。张之洞强调，他反对杀袁世凯，不是为了袁世凯，而是为了朝廷的大局。

说张之洞没有私心，那是不可能的。在当时的情况下，他和袁世凯是为数不多的、在中央机构任职的汉族官员，两人都在遭受满族贵族的排挤，可谓是同病相连；另外，两个人对于“新政”又有不少相同的看法，可以说他们在这一点上是盟友关系。此时，两人的共同点大于两人的分歧，帮了袁世凯，张之洞至少不会那么孤立。

张之洞和奕劻这两位重量级人物都反对杀袁世凯，年轻的载沣一下子就没了底气，看来，袁世凯真的不能杀。但是，袁世凯无论如何是不能继续留在朝廷了。1909 年初，朝廷发布公告，大意是袁世凯患了足疾，连路都快不能走了，如果再让他担当重任，那就对不起这位有功于朝廷的大臣了。为了能够更好地体恤袁世凯，体现朝廷对臣子的关爱，朝廷同意让他回老家养病。这样的安排让袁世凯心里非常不满，不过，好在没丢了脑袋。

被免了官的袁世凯收拾好行装，一路南下。不过，他没有回老家河南项城，而是去了安阳。这倒不是袁世凯有意抗旨，而是因为他和家里人翻脸了，发誓永远不回项城；而安阳乃是殷商古都，也是风水宝地，袁世凯在这里等待东山再起。很快，1911 年的武昌起义又一次让袁世凯回到了中国政局的中心。

这样的结果也是张之洞没有想到的，他帮袁世凯这一把，只是不想让朝廷出更大的乱子，没想到，袁世凯竟然成了逼清帝退位的那个人。

张之洞一心要维护的大清朝，到头来终究是间接地毁在了他自己手上：辛亥革命源于他经营十数载的武汉，逼清帝退位的又是被他救了一命的袁世凯。这样的结局，当真是充满了戏剧性。

事实上，在清末的乱世中，张之洞在担任军机大臣期间并没有太大的发挥空间，尤其是慈禧太后死后，掌权的载沣虽然没有打算除掉张之洞，甚至还对他挺客气。但是，实际上载沣并不重视张之洞的意见，可怜张之洞一片苦心。

1909 年初，陕甘总督上书反对朝廷立宪，并以辞职相要挟。张之洞认为，此人的言辞固然不妥，但是，他的衷心却值得肯定，所以，张之洞并不同意让他辞职。而载沣呢，却想着趁机把他的人调到陕甘总督的位置上。这件事让张之洞很是不快。与此同时，有人弹劾津浦铁路的负责人，说他们在修建铁路的过程中贪污。载沣当即决定撤掉这些人，让一批满洲贵族去主持津浦铁路的修建。张之洞再次阻止载沣，认为此举很有可能会引起大规模群体事件。载沣却回复张之洞，他手里握有兵权，不怕百姓闹事。这样的态度就更令张之洞寒心了，载沣敢说出这样的话，这根本就是亡国的征兆。张之洞愤慨之下，竟然吐出血来。

原来，张之洞患有严重的肝病，此时年纪又大了，于是，来自身体和心理的双重折磨最终压垮了这位已入古稀之年的老人。1909 年 7 月，72 岁的张之洞一病不起。

魂归故里

1909 年 10 月 4 日，这是张之洞最后的时光。

当朝军机大臣即将离世，摄政王载沣不得不有所表示。傍晚时分，得知消息的载沣来到了张之洞的家里。弥留之际的张之洞心里牵挂最多的就是朝政，他想把一个臣子最后的任务完成。见到载沣后，张之洞依然不忘劝阻载沣，试图让他明白国家已经危在旦夕，希望他能够及时醒悟，拿出行之有效的补救方针。可是，载沣根本就不和张之洞提朝政，而且很快他就没有耐心听张之洞的“唠叨”了。

载沣不愿意和张之洞谈政务，张之洞只好退而求其次，和载沣谈人事安排。张之洞想到，自己位极人臣，担任辅佐君王的重任，大限将至，他应该效仿古代贤臣，为君王推荐一批人才，以便继续为朝廷效力。这是所有的贤臣为君王所做的最后的贡献，同时，也是他张之洞最后一次报答皇恩。为此，张之洞在心里反复斟酌，选定了几个可用之人。

而载沣呢，不等张之洞开始谈人事安排，扔下一句“张大人好好保重，我改日再来看你”便匆匆离去。载沣走后，张之洞一声长叹，他告诉身边的人，大清国的国运算是到了尽头了。

张之洞的家人送走载沣，就都聚集在张之洞的病床前，听他最后的嘱咐。面对即将到来的死亡，张之洞毫无畏惧，他告诉自己的子孙，人总有一死，让他们无须悲痛。他总结自己的一生："我生平学术治术，所行者，不过十之四五，所幸心术则大中至正。为官四十多年，勤奋做事，不谋私利。到死，房不增一间，地不加亩，可以无愧祖宗。"他希望张家子孙勿负国恩，勿坠家风，必明君子小人之辨，勿争财产，勿入下流。张氏子孙无不含泪点头，允诺一定要牢记教诲。午夜前，张之洞永远地闭上了眼睛。

当天夜里，张之洞在京为官的同乡、门生故旧，都接到了张之洞去世的消息。与此同时，北京电报局连夜向武汉、长沙、广州、上海、南京、太原等张之洞曾任职的地方发电报，通告张之洞逝世的噩耗。次日，朝廷里也是充满了哀伤的情绪，一批老臣在伤感张之洞辞世的同时，也开始讨论张之洞的后事。

最终，众人商定，以皇帝的名义发讣告，并赐给张之洞陀罗经被。陀罗经被是佛教密宗的圣品，用白缎做成，有朱砂或金漆印写成的藏文佛经。清代帝、后、妃等丧仪，都是拿陀罗经被覆盖遗体。此外，对于那些有特殊功勋的大臣，朝廷也会赐给陀罗经被，表示朝廷他对一生的肯定。另外，朝廷还赏赐给张家3000两银子作为张之洞的丧葬费。张之洞的长子和次子也被朝廷授予官衔。

再有就是谥号的问题。古代君主、诸侯、大臣、后妃等具有一定地位的人死去之后，根据他们的生平事迹与品德修养，评定褒贬，给予一个带有评判性质的称号，就是所谓的谥号。大臣的谥号并不是可以随意加的，需要经过皇帝批准，而且，要从固定的几十个字当中挑选。

张之洞去世后第三天，朝廷下旨赐给张之洞“文襄”这一谥号。张之洞探花出身，赐以“文”合情合理。而根据清代的规定，只有那些有军功的人才能被赐予“襄”字。张之洞虽然是文臣，但是他参与中法战争，举荐的冯子材又大胜法军；他在南京组织自强军，在武汉组织湖北新军，这些新式军队都是当时中国最有战斗力的军队。因此赐予张之洞“襄”也在情理之中。晚清重臣当中，也只有左宗棠和张之洞两人被赐予“文襄”的谥号。

据说，在张之洞去世前，朝廷曾考虑要赐给张之洞“文正”或“文忠”的谥号，这两个谥号是臣子死后能获得的最高荣誉，曾国藩被赐予“文正”，李鸿章被赐予“文忠”。但是，当张之洞的临终遗折上呈到皇宫时，有人不高兴了。张之洞在遗折中言语犀利，批评满洲贵族，这使得手握大权的皇族成员很是不满。因而改了张之洞的谥号。

朝中大臣在拟定张之洞讣告的草稿时，发生了争执。草稿中说张之洞“廉正无私”，这种说法令庆亲王奕劻很是不屑。奕劻向来喜欢趁机捞取私利，而且在晚清的官场中，几乎就没有不趁机捞取私利的。奕劻无论如何也不愿意相信张之洞能做到“廉正无私”，所以，他坚决要求删去“廉正无私”。奕劻的要求遭到了军机大臣鹿传霖的强烈反对。鹿传霖是张之洞的姐夫，两人私交很好，他十分了解张之洞的为人，于公于私他都不同意奕劻的要求。朝中大臣也都知道张之洞为官清廉，站在了鹿传霖一边。最终，奕劻只得接受。

张之洞去世的消息传到武汉后，各衙门、铁厂、兵工厂以及各学堂，都设了灵堂祭奠张之洞。那些受张之洞恩情的官员也在家里设了张之洞的牌位，进行祭奠。

1910 年初，张之洞的灵柩从北京送回他的家乡河北南皮，与他已经去世的几位夫人合葬。张之洞的墓地坐落在南皮县城西南双庙村北约 500 米处。他生前贵为军机大臣，虽无宰相之名，却行宰相之权。但是，他的墓地比较简陋，既谈不上什么规模，也没有什么堂皇的建筑。他的子女按照他生前爱骑马、喜欢吃羊肉的嗜好，雕了两对石马、两对石羊和高大的石碑，矗立在坟前。

张之洞安息了。在这里，他与父母、同族长辈长眠相守，有春花秋月、苍松翠柏、萋萋芳草、啾啾虫鸣日夜相伴。归宿于此，安息于斯，了却了他生前难以了却的心愿。

张之洞入土后不到两年，清帝退位，清朝彻底土崩瓦解了。张之洞等洋务派人物，得到了世人的尊重。孙中山在视察武汉时称“张之洞是不言革命之大革命家”，认为张之洞为辛亥革命提供了物质、人才和思想等基础。而史学家们也对洋务派的实干给予了充分肯定。

也许是因为张之洞在民间有着极高的认可度，也许是因为张之洞是有名的清官，在清末民初的乱世之中，张之洞的墓始终无恙。据说，兵匪强盗曾多次“光临”张之洞家族的墓地，张氏家族的一些坟墓多次被盗，但一直无人惊扰张之洞安葬之处。北伐战争期间，国民军一支部队经过双庙村，一个湖北籍的连长，带着全连士兵到张之洞坟前鞠躬致祭。

然而，20 世纪中期以后，洋务运动被重新定义，成了“清朝统治者在汉族地主官僚和外国侵略者的支持下，用出卖中国人民利益的办法，换取洋枪洋炮船只来武装自己，血腥地镇压中国人民起义，借以保存封建政权的残骸为目的的运动”，“是一个反动的、卖国的、并以军事为中心的运动”。

一个“洋奴”、“卖国贼”的墓自然是得不到保护的。来到张之洞墓地的不再是凭吊者，而是伐木者。“大跃进”时期，南皮县搞大炼钢铁，砍光了墓地周边的树木，偌大的墓园中，只剩下坟冢巍然，墓碑高矗，东倒西歪的石像生散落相间。

事情并没有就此结束。

1966 年，以南皮中学学生为主的红卫兵造反派，扛旗打锣来到墓地，先将张之洞墓碑拉倒，然后开始掘墓。红卫兵将张氏夫妇尚未腐烂的尸体吊在树上。后人不敢收尸，任尸体吊在树上月余，至被狗吃掉。后来，墓地附近的村民偷偷将张之洞尸体和西侧一位夫人尸体用土掩埋起来。

2007 年 6 月，张之洞的尸骨被重新发现。随后，南皮当地重修张之洞墓。在张之洞逝世百年之后，他又一次下葬。

希望这一次，他能真正得到安宁，一如经历百年动荡的中国。

张之洞年表

1837年（道光十七年）生于贵州义府。一说生于贵筑县（今贵阳市）。其母朱氏是邛州（今四川邛崃）的知县千金。

1840年（道光二十年）三岁，母亲朱氏死。鸦片战争爆发。

1841年（道光二十一年）四岁，入塾就学。

1848年（道光二十八年）十一岁，从师胡林翼。

1850年（道光三十年）十三岁。应试，入县学。7月，洪秀全领导金田起义。父张锳勇抗拒太平军。

1852年（咸丰二年）十五岁。回原籍直隶应顺天府乡试，中试第一名，为解元。

1853年（咸丰三年）十六岁。4月，太平军攻占江宁（今南京），清廷宣布畿辅戒严。8月，出京抵贵州兴义府。

1854年（咸丰四年）十七岁。在兴义城与父兄一并参加抵御农民起义军的战斗。娶石夫人。

1855年（咸丰五年）十八岁。侍父于贵州军中。秋，父令其北上进京。

1856年（咸丰六年）十九岁。4月，赴礼部试，考取觉罗官学教习。8月，父病死军中。

1857年（咸丰七年）二十岁。在籍守制。翌年继续守制。

1859年（咸丰九年）二十二岁。3月，赴京会试，因族兄张之万为同考官，循例回避。在家乡（直隶南皮）办清平团练。

1860年（咸丰十年）二十三岁。7月，生长子张（仁）权。9月，英法联军攻陷北京，咸丰帝逃往热河。张之洞感愤时事，作《海水》诗。秋冬至济南，入山东巡抚文煜幕府。

1861年（咸丰十一年）二十四岁。4月，回南皮，后赴任丘，为人做家庭教师。

1862年（同治元年）二十五岁。2月，进京。4月，应会试，落榜。后入河南团练帮办毛昶熙幕府，参与镇压捻军。8月，入河南巡抚、族兄张之万幕府。

1863年（同治二年）二十六岁。3月，进京。4月，会试，中贡生。5月，殿试，列一等一名；廷式对策，列一甲第三（探花），赐进士，授职翰林院编修。

1865年（同治四年）二十八岁。5月，散馆考试，列一等第一名。6月，石夫人死。

1866年（同治五年）二十九岁。5月，翰林大考，列二等第三十二名。

1867年（同治六年）三十岁。7月，充浙江副考官。9月，任湖北学政。

1868年（同治七年）三十一岁。在湖北学政任内。

1869年（同治八年）三十二岁。在武昌创建经心书院。

1870年（同治九年）三十三岁。2月，娶唐夫人。编刻《江汉炳灵集》。11月，任满交卸入京，在北京与藩祖荫、王懿荣、吴大澂、陈宝箴等清流名彦结交。

1871年（同治十年）三十四岁。充翰林院教习庶吉士。

1872年（同治十一年）三十五岁。10月，加侍读衔。11月，编纂《平定粤匪方略》、《剿平捻匪方略》。

1873年（同治十二年）三十六岁。7月，充四川乡试副考官，又任四川学政。

1874年（同治十三年）三十七岁。整顿四川科举积弊，创建尊经书院。

1875年（光绪元年）三十八岁。2月，同治帝死，载湉继位，是为光绪帝。著《輶轩语》、《书目问答》。

1876年（光绪二年）三十九岁。继续整顿四川科举积弊。12月，任满交卸返京。充文渊阁校理。娶王夫人。

1877年（光绪三年）四十岁。充教习庶吉士。

1878年（光绪四年）四十一岁。为清流党人黄体芳代拟疏稿，陈时政得失。

1879年（光绪五年）四十二岁。3月，王夫人死。补国子监司业。5月，上疏，议皇统继承。6月，奏议四川东乡知县孙定扬"诬民为逆"。8月，疏请"直言不宜沮抑"。9月，补授左春坊中允。10月，转司经局洗马。

1880年（光绪六年）四十三岁。1月，上疏，言"中俄条约""十不可许"，并力主整修武备，与俄另订新约，治出卖主权的崇厚以"应得之罪"。6月，转翰林院侍读，旋晋左春坊右庶子。8月，充日讲起居注官。继续就"中俄条约"事上奏。9月，奏请加强海防，转左春坊左庶子。

1881年（光绪七年）四十四岁。1月，与陈宝琛会奏请裁阉官。3月，补翰林院侍读学士。6月，充咸安宫总裁。7月，擢内阁学士，兼礼部侍郎衔。12月，补授山西巡抚。

1882年（光绪八年）四十五岁。1月，出京赴山西任。禁革山西种种陋规。5月，敦请阎敬铭出山任职。荐举中外文武官吏59人。奏请遣重臣驻粤，以应付法国在南疆的侵略活动。7月，奏明“治晋八事”。设清源局、教案局。

1883年（光绪九年）四十六岁。筹办山西练军，调李先义、吴元恺等管带操练。5月，设洋务局、桑棉局、铁绢局。

1884年（光绪十年）四十七岁。1月，与北洋大臣会奏晋铁改由天津出海。创办令德书院。3月，中法在北宁开战。5月，赴京陛见，署理两广总督。6月，抵广州，筹办省城防务及琼廉潮州防务。8月，法海军挑起马尾战端，张之洞以枪械饷银援助福建水师。23日补授两广总督，27日清政府对法宣战。9月，奏请唐景崧率师入越，会同刘永福抗法。11月，奏派王孝祺率八营赴琼山。

1885年（光绪十一年）四十八岁。1月，因保徐延失当，吏部议奏降一级留任。2月，因“筹济军事不分畛域”，加一级。3月，冯子材于镇南关大败法军，中法于巴黎订停战条约，张之洞上奏反对撤军，上谕令其如期停战撤回边界，有违延必严究。4月，再次奏称撤兵之害。6月，上谕广西关外大胜，张之洞拨军筹饷有功，著赏花翎。7月，募广胜军练习洋操，创设广安水军。10月，奏请分全国海军为北洋、南洋、闽洋、粤洋四大支。

1886年（光绪十二年）四十九岁。1月，调刘永福回粤。3月，派使周历南洋各岛，安排华侨事宜。4月，设广雅书局。5月，法领事索赔教堂损失，严驳之。6月，试造浅水兵轮，派冯子材赴琼州剿办客家和黎民起事。10月，创设枪弹厂。

1887年（光绪十三年）五十岁。2月，光绪帝亲政。6月，创建广雅书院，设办理洋务处。8月，创办水陆师学堂。

1888年（光绪十四年）五十一岁。5月，奏请保护旅美华工。

1889年（光绪十五年）五十二岁。1月，请总理衙门阻止法国在越中边境接通电线。2月，请缓造津通铁路，改建腹省干路。4月，筹设枪炮厂。5月，铸钱厂建成。8月，调补湖广总督，奏设纺纱厂。9月，上谕赞许修筑芦汉铁路计划。11月，交卸两广总督篆务。12月，抵鄂。

1890年（光绪十六年）五十三岁。1月，派员赴湘、鄂各县及川黔山诸省勘探煤铁矿。与两广总督李翰章议定将炼铁厂、织布厂移设湖北。2月，奏请移设枪炮厂于湖北，设矿务局（后改名铁政局）。4月，筹建枪炮厂于汉阳大别山，筹建织布局于武昌城外。5月，创建两湖书院。9月，勘定炼铁厂基于大别山。11月，晓谕两湖商民自购机器开采煤矿。

1891年（光绪十七年）五十四岁。2月，织布厂开场兴建。6月，设方言商务学堂，设湖北舆图总局。9月，炼铁厂开工兴建。

1892年（光绪十八年）五十五岁。1月，选译洋务书籍。2月，派工匠赴比利时炼钢厂学习。5月，发美国棉籽令民试种。

1893年（光绪十九年）五十六岁。1月，汉阳铁厂若干厂房告成。5月，大理寺卿徐致祥参劾张之洞“辜恩负职”，经李瀚章等确查具奏，将徐奏驳回。6月，令地方官严办麻城教案。10月，炼铁厂工程竣工。11月，设自强学堂。

1894年（光绪二十年）五十七岁。2月，炼钢厂开炉。8月，清政府对日宣战，奏派兵赴天津听候调遣。11月，刘坤一北调主持军务，两江总督由张之洞署理，湖北炼铁织布各局仍由其经理。

1895年（光绪二十一年）五十八岁。3月，电奏割弃台湾之害。4月，密筹台湾饷械。6月，筹练自强军，扩充湖北枪炮厂。8月，议设商务局。12月，奏明创练自强军，奏陈筹办江浙铁路。

1896年（光绪二十二年）五十九岁。1月，创办储才学堂，招商设纱厂于通州（今南通），张謇办大生纱厂，回湖广总督本任。4月，汉阳铁厂招商承办。5月，设官钱局。8月，创设湖北武备学堂。

1897年（光绪二十三岁）六十岁。会奏芦汉铁路借用比利时款项。7月，纺纱局成。8月，选防军绿营兵勇练习洋操。10月，筹设农务学堂。

1898年（光绪二十四年）六十一岁。1月，奏请设立粤汉铁路总公司。4月，创设汉口商务公所、制麻局，撰《劝学篇》。5月，光绪帝电谕张之洞来京陛见，中途令其折回本任。6月，光绪帝下“明定国是”诏，宣布变法。7月，奏请妥议科举新章。9月，慈禧发动政变，变法失败。10月，派学生游学日本。

1899年（光绪二十五年）六十二岁。2月，修武昌南北江堤。4月，创办《商务报》。12月，设农务局。

1900年（光绪二十六年）六十三岁。5月，义和团运动进入高潮。6月，电致总理衙门“调兵速剿”义和团，令江汉关道照会各国驻汉口领事“力任保护”，会同刘坤一与驻沪各领事议订“东南互保”。8月15日八国联军侵占北京，慈禧、光绪西逃，21日，张之洞在汉口破获自立军机关，随即杀害唐才常等人。10月，慈禧、光绪抵西安。

1901年（光绪二十七年）六十四岁。1月，慈禧于西安发布

“变法诏”。2月，电奏与俄定东三省条约之害。4月，清廷设立主持“新政”的督办政务处，张之洞遥为参预督办政务大臣。6~7月，与刘坤一会奏“变法三疏”。7月，设学务处综理湖北全省学堂事务。11月，因“东南互保”赏加太子少保。慈禧、光绪还京。

1902年（光绪二十八年）六十五岁。5月，改两湖书院为两湖大学堂，自强学堂为文普通学堂，武备学堂为武高等学堂，设武普通学堂，创建湖北师范学堂。7月，兼充督办商务大臣。9月，设铜币局。10月，刘坤一死，张之洞署理两江总督。11月，抵江宁接两江篆务。12月，魏光焘调补两江总督，张之洞回湖广本任（魏光焘未立即赴任，张之洞任职到次年3月）。

1903年（光绪二十九年）六十六岁。2月，奏设三江师范学堂。3月，与袁世凯会奏变通科举，奏陈移江南制造局于内地。7月，与管学大臣张百熙、荣庆会商学务，釐定学堂章程。12月，奏请重定学堂章程。陛呈请训，面奏“化除满汉畛域”。

1904年（光绪三十年）六十七岁。7月，筹备粤汉鄂省铁路赎款，建两湖劝业场。9月，改枪炮厂为湖北兵工厂，议结宜施教案。

1905年（光绪三十一年）六十八岁。7月，奉旨督办粤汉铁路。8月，粤汉铁路赎路约成。9月，与袁世凯会奏立停科举推广学校。11月，设川汉铁路于武昌。12月，奏陈改变湖北常备军。

1906年（光绪三十二年）六十九岁。4月，京汉铁路建成。6月，开办湖北印刷局。7月，批准汉口商办水电公司。

1907年（光绪三十三年）七十岁。1月，设宪兵。6月，任协办大学士。7月，授大学士，仍留湖广总督之任。充体仁阁大学士，奏请化除满汉畛域。补授军机大臣。9月，手书各学堂各军营停造石像铜像。到京，奉旨管理学部事务。

1908年（光绪三十四年）七十一岁。7月，兼充督办铁路大臣。11月，14日光绪帝死，15日慈禧太后死。12月，溥仪登基，载沣为摄政王，张之洞赏加太子太保衔。

1909年（宣统元年）七十二岁。1月，载沣拟杀袁世凯，张之洞阻止。3月，任德宗实录修纂部裁官。7月，因病请假。9月，奏请续假。10月，4日病逝，6日追谥文襄，晋赠太保。翌年归葬南皮。

主要参考文献

1. 张之洞. 张之洞全集［M］. 武汉：武汉出版社，2008.
2. 唐浩明. 张之洞［M］. 北京：作家出版社，2006.
3. 冯天瑜 何晓明. 张之洞评传［M］. 南京：南京大学出版社，1991.
4. 夏东元. 洋务运动史［M］. 1. 上海：华东师范大学出版社，1996.
5. 李细珠. 张之洞与晚清湖北新军建设——兼与北洋新军比较［J］. 军事历史研究，2002（1）.
6. 田锡富. 张之洞与中日甲午战争［J］. 湖北省社科院历史所.
7. 朱从兵. 张之洞与沪宁铁路［J］. 苏州大学社会学院.
8. 严锴. 张之洞与湖北近代工业的“中部崛起”［J］. 学习与践，2012（5）.
9. 冯宁，朱殊. 湖北农务学堂创始期的三位闻人［J］. 武汉文史资料，2010（12）.
10. 肇始三江［J］. 南京大学学报，2002（5）.
11. 张之洞督鄂115周年［EB/OL］. http://www.cnhubei.com/2004zhangzd001/index.htm.
12. 寻找张之洞：晚清名臣墓穴被挖 尸骨命运多舛［N］. 北京日报，2008年12月30日（1）.
13. 郑英烈. 百年前这里曾辉煌过——人文丰碑上的“两湖书院”［J］. 武汉音乐学院，2006.
14. 杨光. 张之洞与自强学堂［N］. 中国档案报，2010年5月10日（3）.